新TOEIC®テスト 速読速解 7つのルール

神崎正哉 + Daniel Warriner 著

Part 7を1問1分で解く

TOEIC is a registered trademark of Educational Testing Service (ETS). This publication is not endorsed or approved by ETS.

朝日出版社　Asahi Shuppan-sha

はじめに

　私はTOEICを今までに43回受けて、990点（満点）を13回取っているTOEICオタクです（2007年9月現在）。この受験経験から得たパート7の解法のコツを皆さんに伝授するためにこの本を書きました。内容はパート7でスコアを伸ばすのに有効な攻略法に焦点を絞ってあります。

　パート7は読解問題です。「英語の長文を見ただけで圧倒されてしまう」というような苦手意識を持っている人も多いのではないでしょうか。でも心配することはありません。パート7には解き方のコツがあります。このコツをマスターすれば、結構すんなり解けるものです。

　パート7では違ったタイプの問題が出ます。その問題タイプによって攻め方が違います。この本では問題をタイプごとに7つのカテゴリーに分類しました。そして「このタイプの問題はこうやって解く」というように解法のコツを示してあります。タイプごとにまとめてあるので、攻略のコツが無理なく理解できます。

　スコアアップの鍵となる時間配分の話をさせてください。TOEICは前半の100問がリスニング、後半の100問がリーディングです。時間はリスニングが45分、リーディングが75分で、全体で2時間になります。リーディングで一番大切なことは「早く解く」ということです。75分で100問を解き終えるためにはかなり急ぐ必要があります。パート5とパート6は1問あたり30秒で解き、パート7は1問あたり1分で解くというのが鉄則です。このペースで解き進めることがスコアを伸ばすために最も重要なポイントです。このペースを守れば、パート5は40問あるので、40問×30秒＝20分で終わります。パート6は12問なので、12問×30秒＝6分で終わります。そして、パート7は48問なので、48問×1分＝48分で終わります。合計すると74分です。試験終了1分前にすべて解き終わる計算になります。この時間配分を守って、制限時間内に全問解くことを目指してください。それがスコアアップにつながります。

「1問あたり1分で解く」という目標を達成するためには、「早く解く」ということが必要です。問題によって難易度が違うので、かかる時間も変化しますが、平均して「1問1分」が基本です。このペースで解き進めないと時間内に解き終わりません。この本では「如何に早く答えを見つけることができるか」ということを攻略法の中心に置きました。時間の無駄を省き、要領よく解くコツを示してあります。この本の攻略法をマスターすれば、「1問1分」のペースで解けるようになるはずです。

　パート7は読解問題です。もちろん英文の読解力が必要です。ただし、読解力を伸ばすことなしにスコアを伸ばすことも可能です。攻略法をマスターして、要領よく正解を見つけるコツがつかめるとスコアは上がります。読解力は変わらなくてもそのようなことが可能です。

　しかし、攻略法をマスターすることで伸ばすことの出来るスコアの幅には限りがあります。個人差はありますが、10〜20%の伸び率が限界でしょう。それより上を狙うには、「英語力を伸ばす」という基本に返る必要があります。パート7の場合、リーディング力が鍵になります。リーディング力を伸ばすには、たくさん読むことが有効です。この本の最終章に「多読のすすめ」として、リーディング力を伸ばすための学習アドバイスを載せてあります。長期計画でスコアアップを狙っている人は参考にしてください。

　このような本を世に出せるのは、私をTOEICの専門家に育ててくれたエッセンス イングリッシュ スクールの中村紳一郎学校長、Susan Anderton副学校長、および講師、スタッフ、受講生の皆様のおかげです。ここに感謝の意を表します。また、遅れがちだった執筆を終始支えてくださった朝日出版社編集部の方々に厚く御礼申し上げます。

著者を代表して
神崎　正哉

目次 あるいは 7 つのルール

はじめに　3

1. 文書の型を知って情報検索スピードアップ　7
2. 情報を探すキーワードを質問から見極める　39
3. 「目的」を尋ねる問題は文書の初めに注目！　59
4. 時間のかかる選択肢問題は他の問題の後で解く　71
5. NOTの問題は消去法で解く　91
6. 語彙の問題は本文中での意味をつかめ　111
7. ダブルパッセージは
　　　　まず2つの文書の関係をおさえる　119

多読のすすめ
　　　　──リーディング力を伸ばすための学習法　143

1

文書の型を知って
情報検索スピードアップ

TOEICのパート7でよく使われる手紙、社内通達、メール、招待状などの文書は、それぞれ決まった型があり、ある特定の情報はいつも決まったところに記されます。**文書の型を知っていると、決まった場所に配置されている情報をすばやく見つけることができます。**それで情報検索のスピードが上がり、答えを選ぶのにかかる時間が短縮できます。

1-1. Letter（手紙）

　手紙はパート7で最も頻繁に登場する文書タイプです。手紙の書き手の情報、受け手の情報、日付などはいつも決まった位置に記されます。どの情報がどこに書かれているのか分かっていると、必要な情報がすばやく見つかります。

🎵サンプル問題

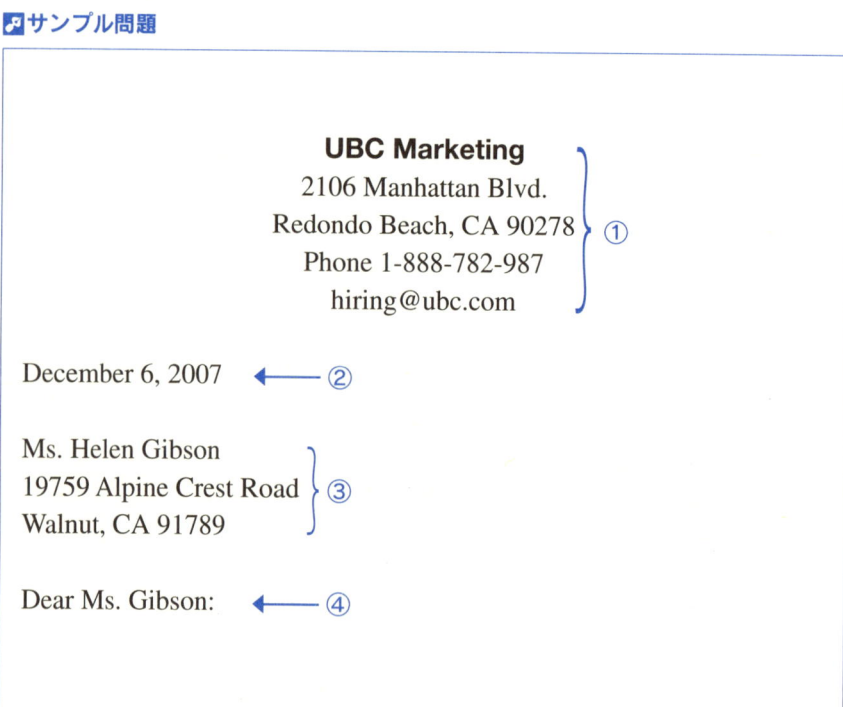

We have received your resume. Thank you for your interest in UBC Marketing.

We do not have any job openings at the moment, but we will keep your resume on file for one year. We will review your resume against any positions that become available during that time. Please do not resubmit your resume.

Again, we appreciate your interest in UBC Marketing. We wish you the best of luck in your job search.

Sincerely,

 ⑤

← ⑥

Angela Turner
Human Resources Manager } ⑦

○ 訳はp. 36にあります。

①書き手の情報

　手紙の一番上に記載されているのは書き手の情報です。会社などの団体は、この例のようにレターヘッドの付いた便箋（団体名、住所、電話番号、メールアドレス等が上部中央に印刷されているもの）を使うのが普通です。個人が送る手紙の場合、書き手の情報（基本的に住所のみ）は手紙の左上または右上に記載されます。

②日付

　書き手の情報の下に日付が記されます。左側または右側に来ます。日付はアメリカ式では月／日／年、イギリス式では日／月／年の順に並べます。

③受け手の情報

　受け手の名前と住所が記されます。会社などの団体に所属する人に宛てられた仕事上の手紙では、役職と団体名も入ります。

④受け手の名前

　本文の上には受け手の名前がDearに続いて記載されます。ビジネスレターでは女性に宛てられた手紙ではDear Ms. GibsonというようにMs.〈姓〉を用いるのが普通です。Miss（未婚女性に付ける敬称）やMrs.（既婚女性に付ける敬称）はほとんど使われません。男性宛の手紙ではDear Mr. BakerのようにMr.を使います。受け手の名前が分からない場合はDear Sir or MadamやTo whom it may concern（「ご担当者様宛て」の意）を使います。親しい人に宛てたカジュアルな手紙ではDear LucyやHi Bobのようにファーストネームを使います。

⑤本文

　Dear...に続き、本文が始まります。本文の終わりにはSincerelyやBest regards等の決まり文句が来ます。

⑥書き手のサイン

　本文の下に書き手がサインをします。

⑦書き手の名前・役職

　ビジネスレターではサインの下に書き手の名前がタイプされるのが普通です。名前に続き、役職が記されます。

練 習 問 題

Questions 1-8 refer to the following letter.

MDC Planning & Incentives
59 Shaftsbury Road, Cambridge CB2 7RU, UK
Phone +44(0)1225 367288
Fax +44(0)1225 367276
Answers@MDC.co.uk

January 20, 2007

Mr. David Griffiths
Manager, Alternative Energy Program
New York Energy Technology Laboratory
3273 Madison Avenue
New York, NY 10017
USA

Dear Mr. Griffiths,

I would like to express my heartfelt appreciation for your participation in our recent conference in London entitled Energy Conservation and the Future. The board members have asked me to convey to you their appreciation for your hard work in supporting the conference and for hosting three unique lectures and a symposium alongside Professor Folsom.

In the weeks following the conference, we have received several requests for the paper that you delivered entitled The Potential Evolution of Mechanical Equipment. One of these requests included a suggestion that your ideas would soon have a significant impact on improving energy conservation on a global scale.

On both a professional and personal level, I value the time that was available to us on the final evening of the conference. I enjoyed our discussion with Dr. Lambert, and I certainly learned a lot about car engines and fuel combustion from both of you.

You may be interested to read that we are currently working on producing a calendar for this spring's "Transportation and Energy Solutions" conference in Marseilles, and we intend to send it to all interested guests and participants by mid-February.

Again, thank you so much for contributing to the creation of a successful conference last month.

Yours sincerely,

Roger Hatfield

Roger Hatfield
President

---

1. Who wrote this letter?
   (A) David Griffiths
   (B) Dr. Lambert
   (C) Roger Hatfield
   (D) Professor Folsom

2. Who is Roger Hatfield?
   (A) A laboratory technician
   (B) A company president
   (C) A manager of the Alternative Energy Program
   (D) A university lecturer

3. Where is Mr. Hatfield's company located?
   (A) Cambridge
   (B) New York
   (C) London
   (D) Marseilles

4. Who was this letter written for?
   (A) David Griffiths
   (B) Dr. Lambert
   (C) Roger Hatfield
   (D) Professor Folsom

5. Who is David Griffiths?
   (A) A laboratory technician
   (B) A company president
   (C) A manager of the Alternative Energy Program
   (D) A university lecturer

6. Where is Mr. Griffiths' company located?
   (A) Cambridge
   (B) New York
   (C) London
   (D) Marseilles

7. When was this letter written?
   (A) December
   (B) January
   (C) February
   (D) March

8. When was the conference held?
   (A) December
   (B) January
   (C) February
   (D) March

解答とスピードアップ・テクニック

1. 【正解】(C)

   誰がこの手紙を書きましたか？
   - (A) デイビッド・グリフィス
   - (B) ランバート博士
   - (C) ロジャー・ハットフィールド
   - (D) フォルサム教授

   問われているのはこの手紙を書いた人の名前です。「書き手の名前は手紙の最後に記される」ということを知っていると瞬時に答えとなる情報が見つかります。そこにRoger Hatfieldとあるので、(C)が正解です。実際のTOEICでは、もう少しひねった問題（例えばまず、書き手を確認して、それに絡んだ情報を本文から探すような問題）も出題されます。

2. 【正解】(B)

   ロジャー・ハットフィールドとは誰ですか？
   - (A) 研究所の技術者
   - (B) 会社社長
   - (C) 代替エネルギープログラムのマネージャー
   - (D) 大学講師

   Roger Hatfieldに関する情報を探します。この名前は手紙の最後に記されているので、彼が手紙の書き手であることが分かります。また彼の名前のすぐ下にPresidentとあるので彼が会社の社長であることが分かります。よって、(B) A company presidentが正解です。実際のTOEICでは書き手がどのような人物であるかを手紙の本文の内容をもとに割り出すような問題も出題されます。例えば、As a resident of Islington, I am concerned that...（イスリングトンの住人として、私は心配しています…）という文が手紙中にあったら、手紙の書き手はA resident of Islingtonと言えます。

3. 【正解】(A)

ハットフィールドさんの会社はどこにありますか？
(A) ケンブリッジ
(B) ニューヨーク
(C) ロンドン
(D) マルセイユ

Mr. Hatfieldはこの手紙の書き手です。書き手の会社に関する情報はレターヘッド（手紙の上の部分）に書かれています。この手紙ではレターヘッドに会社名（MDC Planning & Incentives）、住所（59 Shaftsbury Road, Cambridge CB2 7RU, UK）、電話番号（Phone +44 (0)1225 367288）、ファックス番号（Fax +44(0)1225 367276）、メールアドレス（Answers@MDC.co.uk）が含まれています。住所が59 Shaftsbury Road, Cambridge CB2 7RU, UKとなっているので、(A) が正解です。

○be located: 位置する

4. 【正解】(A)

この手紙は誰に向けて書かれていますか？
(A) デイビッド・グリフィス
(B) ランバート博士
(C) ロジャー・ハットフィールド
(D) フォルサム教授

手紙の受け手の情報が記載されている箇所を検索します。手紙の受け手の名前は手紙の左上、日付の下に記載されています。そこにはMr. David Griffithsとあります。またに手紙の本文もDear Mr. Griffithsで始まっているので、この手紙がDavid Griffithsに宛てられたものであると分かります。手紙の受け手の情報がどこに記載されているか、形式を知っているとすばやく答えが導けます。

5. 【正解】(C)

デイビッド・グリフィスとは誰ですか？
   (A) 研究所の技術者
   (B) 会社社長
   (C) 代替エネルギープログラムのマネージャー
   (D) 大学講師

David Griffithsという名前は手紙の左上、日付の下にあります。これは彼がこの手紙の受け手であることを意味します。さらにその下にManager, Alternative Energy Programと続いています。これは彼の肩書きです。これに対応する選択は(C)です。手紙のどこに何の情報が配置されているかという型を知っているとこのタイプの問題を解く際、情報検索のスピードが上がります。

6. 【正解】(B)

グリフィスさんの会社はどこにありますか？
   (A) ケンブリッジ
   (B) ニューヨーク
   (C) ロンドン
   (D) マルセイユ

Mr. Griffithsは手紙の受け手です。よって彼の会社の住所は、手紙の受け手に関する情報が与えられている場所から探します。それは手紙の左上、日付の下です。ここから彼の職場はNew York Energy Technology Laboratoryであり、その住所は3273 Madison Avenue, New York, NY 10017, USAであることが分かります。この問題を解くために手紙の本文を読む必要はありません。

7. 【正解】(B)

この手紙はいつ書かれましたか？
    (A) 12月
    (B) 1月
    (C) 2月
    (D) 3月

日付は手紙上の書き手に関する情報（この手紙ではレターヘッドが使われている）の下に左寄せで記載されています。January 20, 2007とあるので、1月に書かれたものであることが分かります。

8. 【正解】(A)

会議はいつ行われましたか？
    (A) 12月
    (B) 1月
    (C) 2月
    (D) 3月

この問題は複雑です。「会議はいつ行われたか」という問いには、手紙の書式パターンのみを使って答えられるわけではありません。手紙本文の内容に踏み込む必要があります。まず、会議が行われた月についての情報を本文から探します。すると文末に、Again, thank you so much for contributing to the creation of a successful conference last month.とあります。ここから会議が行われたのは先月であることが分かります。また、この手紙の日付はJanuary 20, 2007となっているので、この手紙の書かれたのは1月です。よって、会議が行われたのはその1ヶ月前、すなわち12月ということになります。

○be held:（会議などが）開かれる

練習問題・訳

1-8番は次の手紙に関するものです。

MDCプランニング＆インセンティブズ
59　シャフツベリーロード、ケンブリッジ　CB2　7RU、イギリス
電話＋44(0)1225 367288
ファックス＋44(0)1225 367276
Answers@MDC.co.uk

2007年1月20日

デイビッド・グリフィス様
マネージャー、代替エネルギープログラム
ニューヨーク・エネルギー技術研究所
3273　マディソンアベニュー
ニューヨーク、ニューヨーク州　10017
アメリカ合衆国

グリフィス様

先日ロンドンで行われた会議「省エネルギーと未来」へご参加いただいたことに、心からの感謝をお伝えしくお便りしております。取締役達からも、会議へのご支援並びにフォルサム教授と共に3つのユニークな講演とシンポジウムの開催にご尽力いただいたことに対して感謝の意を伝えるよう言われております。

会議後の数週間に、あなたが発表された「機械設備の進化の可能性」の資料が欲しいという要望がありました。これらの要望のひとつには、あなたのアイデアは間もなく地球規模で省エネルギーの改善に多大な影響を与えるだろうという意見が書かれていました。

会議最終日の晩、時間を共に過ごすことが出来たことは公私にわたり、とても有意義でした。私はランバート博士を交えたディスカッションを楽しみ、あなた方お2人から車のエンジンと燃料燃焼について実にたくさんのことを学びました。

おそらくご興味がおありだと思いますが、現在この春にマルセイユで行われる予定の「輸送とエネルギーの解決」会議のスケジュールを作成しており、それを2月中旬までには関心をお持ちのゲストや参加者の皆様にお送りするつもりです。

今一度、先月の会議の成功にご貢献いただいたことに、お礼を申し上げます。

敬具
ロジャー・ハットフィールド
社長

○incentive: 刺激、励み　alternative: 代替の　laboratory: 研究所、実験室　appreciation: 感謝　participation: 参加　conference: 会議　entitled: ～という題の　energy conservation: 省エネ　board member: 会社役員　convey: 伝える　host: 主催する　alongside: ～といっしょに　deliver: (考えなどを)述べる、発表する　potential: 可能性のある　evolution: 進化　equipment: 設備　value: 大切なものと考える　available: 利用できる　combustion: 燃焼　currently: 今、現在　solution: 解決　intend to: ～するつもりである　participant: 参加者　contribute: 貢献する

1-2. Memorandum（社内通達）

　memorandum（省略形memoも用いられる）は社内回覧用の文書のことです。TOEICのパート7で頻繁に用いられる文書タイプのひとつです。**型を知っていると宛先、送信者、日付、件名等の情報が瞬時に見つかります。**

🎵 サンプル問題

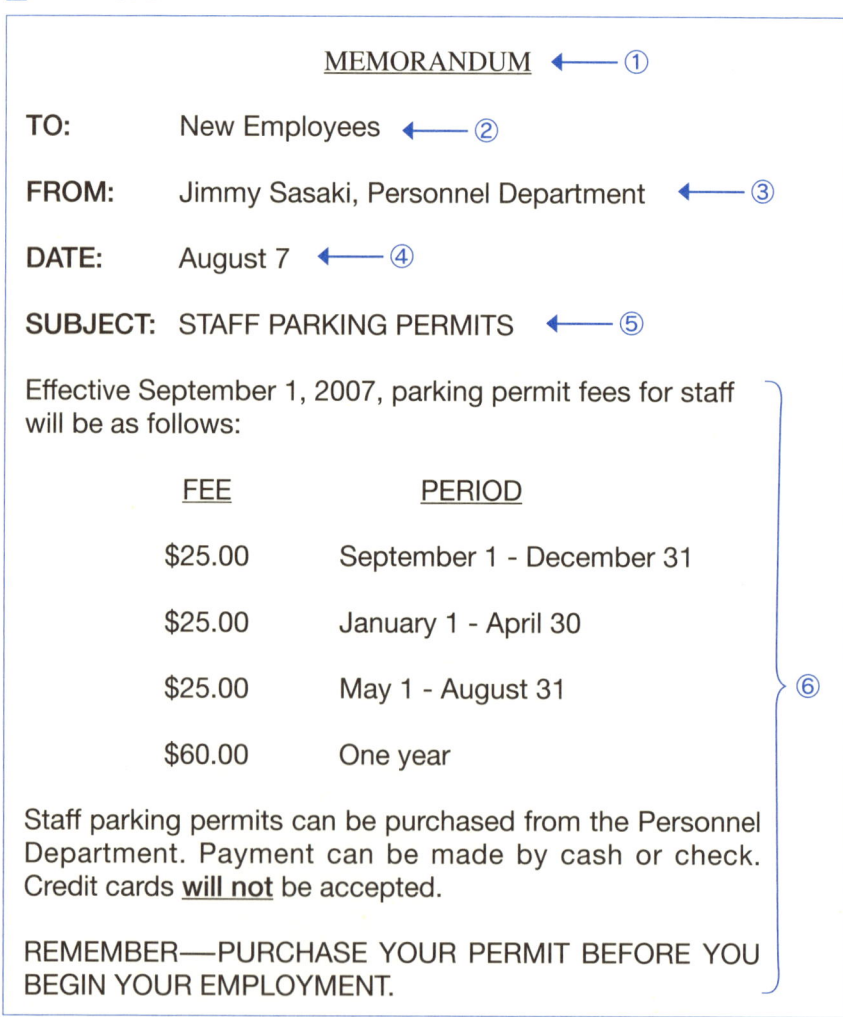

○訳はp. 37にあります。

①memorandumであることの表示

　Memorandumまたは Memo と文書の初めに記載されて、その文書が社内通達であることが示されることもあります。ただし、この表示は必ず必要というわけではなく、表示のないものもTOEICでは見かけます。

②宛先

　TO: の後ろで、社内通達が誰に宛てられたものなのかが示されます。TO: All employeesやTO: All managersのようにグループを対象に書かれたものの他に、TO: Ms. Jane CarterやTO: Ben Robertsのように個人に宛てられたものもあります。

③送信者

　FROM: の後ろをチェックすることで、誰が社内通達を出したのかが分かります。名前に続き、役職または所属部署名が記載されているのが普通です。名前のみ、または部署名のみという場合もあります。

④日付

　社内通達が出された日付は、DATE: の項を見れば分かります。日付が記載されていない社内通達もあります。

⑤件名

　社内通達中のSUBJECT: は「件名」のことです。社内通達が何に関するものなのか知りたい時には、まずここを確認しましょう。「件名」をRE:で表すこともあります。

⑥本文

　宛先や送信者等の基本情報の後、本文が続きます。TOEICのパート7で使われる社内通達は簡潔に分かりやすくまとめられたものがほとんどです。また箇条書き、太字、下線等を用いて読みやすくする工夫を施してあるものもあります。

> **参考**：昨今のメールの普及に伴い、TOEICでもメールがパート7の文書として頻繁に使われるようになりました。社内通達と同じくTO:、FROM:、DATE:、SUBJECT:もしくはRE:等の項目を持ちます。メールの場合、通常本文の最後に書き手の名前が入ります。社内通達では本文の終わりには書き手の名前が入らないのが普通です。

練 習 問 題

Questions 1-5 refer to the following memorandum.

TO: All Staff Members
FROM: Michael Anderson
DATE: October 14
RE: Fire Safety

First, I would like to introduce myself as the new Human Resources Director for APL Finances. As many of you already know, Doug Reilly retired last month. On the first of this month, I took over Doug's position and I am proud to have the opportunity to pursue the same level of determination and resourcefulness that he demonstrated on the job.

Second, because of the small fire that started in the fourth floor kitchen last Friday, my first job as Human Resources Director is to remind you all to review the fire and safety procedures for our building. Each department head has a copy of the safety manual, and I ask that employees who are unclear about safety procedures read this manual again.

Also, keep in mind the following important points:

1. There are floor evacuation plans located in the halls near the elevators on every floor in this building.
2. Fire extinguishers are located on each floor in the stairwell and can also be found in both the office kitchen and the cafeteria.
3. If a large number of employees are evacuating at the same time, remaining calm and cooperating with those around you is important.
4. If the fire alarm sounds, employees should not feel that they are in immediate danger. Evacuate the building in accordance with your floor evacuation plan and listen for instructions over the intercom.

1. Who is Michael Anderson?
   (A) The president of APL Finances
   (B) The Human Resources Director
   (C) A member of the fire department
   (D) The former head of the personnel department

2. Who was this memo written for?
   (A) Fire department personnel
   (B) Members of the human resources department
   (C) Safety inspectors
   (D) All APL Finances staff members

3. What happened to staff members of APL Finances on October 14?
   (A) They evacuated the building because of a fire.
   (B) They were given the safety manual.
   (C) They attended a company reception.
   (D) They received the memo.

4. How long has Mr. Anderson been the Human Resources Director for APL Finances?
   (A) Less than one week
   (B) About two weeks
   (C) Since October 14
   (D) Since last Friday

5. What is the purpose of this memo?
   (A) To remind employees of fire safety procedures
   (B) To introduce a new manager
   (C) To inform workers of an upcoming fire drill
   (D) To announce changes to fire regulations

解答とスピードアップ・テクニック

1. **【正解】(B)**

    マイケル・アンダーソンとは誰ですか？
    - (A) APLファイナンシズ社長
    - (B) 人事部長
    - (C) 消防署員
    - (D) 前の人事部長

    Michael Andersonに関する情報が問われています。この名前を本文中に探すとFROM:の後ろに見つかります。このことからMichael Andersonは、この社内通達を書いた人物であることが分かります。よって、社内通達中、代名詞Iによって表されている人が彼にあたります。さらに冒頭のFirst, I would like to introduce myself as the new Human Resources Director for APL Finances.から、彼がthe new Human Resources Director for APL Financesであることが分かります。それに対応する選択肢は(B)です。

    ○human resources: 人事部　fire department: 消防署[部]　personnel department: 人事部

2. **【正解】(D)**

    このメモは誰に宛てて書かれましたか？
    - (A) 消防署職員
    - (B) 人事部職員
    - (C) 安全検査員
    - (D) APLファイナンシズの全従業員

    誰に向けて書かれたのかが問われているので、TO: (宛先)の項を見ます。するとAll Staff Membersとあり、全従業員に宛てられたものであることが分かります。これだけで(D)を選べますが、ALP Financesの全従業員であるかどうかの確認がなされていません。時間がない場合は確認作業をする必要はありません。時間に余裕がある場合は、本文に目を

通します。冒頭のFirst, I would like to introduce myself as the new Human Resources Director for APL Finances.から、「ALP Financesの人事部長 (Human Resources Director) が全従業員に宛てて出した社内通達であることがわかります。ここからAll Staff Membersはこの会社の全従業員であると予想できます。

○personnel: 職員　inspector: 調査官

3.【正解】(D)
10月14日にAPLファイナンシズの従業員に何が起きましたか？
(A) 火災のため建物から避難した。
(B) 安全マニュアルを与えられた。
(C) 会社のレセプションに出席した。
(D) 社内通達を受け取った。

質問中のstaff members、APL Finances、October 14がキーワードです。staff membersはTO: All Staff Membersが対応しています。またこの社内通知はAPL Financesの従業員に対して書かれたものであることが本文2行目から分かります。さらに、Ocotber 14はDATE: October 14という形で出てきているので、この社内通達が出された日であることが分かります。すなわち10月14日はAPLファイナンシズの従業員がこの社内通達を受け取った日であると言えます。

○reception: 歓迎会

4.【正解】(B)
アンダーソンさんはAPLファイナンシズの人事部長になってどのくらいですか？
(A) 1週間未満
(B) 約2週間
(C) 10月14日から
(D) 先週の金曜日から

FROM: Michaeal AndersonからMr. Andersonがこの社内通達の発信者であると分かります。また、本文1～2行目から彼がAPLファイナンシズの新しい人事部長であると分かります。質問はHow long…?を使って彼が人事部長に就任してからの期間を尋ねているので、時間に関係する部分をチェックします。まず、DATE: October 14からこの社内通達が出されたのが10月14日であることを押さえます。次に本文から必要な情報を集めます。「Dough Reilyが先月引退した」と述べた後、On the first of this month, I took over Doug's positionと書いているので、この月の1日にDough Reilyの後任として人事部長に就任したことが分かります。よって、彼がこの職に就いてから2週間ということになります。

5.【正解】(A)

このメモの目的は何ですか？
(A) 安全手順を従業員に再確認するため
(B) 新しいマネージャーを紹介するため
(C) 従業員に今度の防火訓練について知らせるため
(D) 防火規定の変更を知らせるため

目的を尋ねる問題は、本文の大意を大まかに把握して答えを導くのが正攻法です。ただし社内通達やメールの場合、件名を表すSUBJECT: やRE: の項をチェックすることで、大体の予想を付けることが可能です。この社内通達にはRE: Fire Safetyとあるので、防災に関するものであることが分かります。この情報のみを使って選択肢中、唯一fire safetyに言及している(A)を選ぶことが出来ます。本文全体にさっと目を通し、大意を考えて(A)を選ぶというのが正攻法ですが、時間がない場合は件名だけ見て、「きっとこういう目的だろう」と想像力を働かせて答えを選んでください。このような方法で時間の短縮を図ることもTOEICスコアを上げるためには必要なことです。

◯remind: 思い出させる　inform: 知らせる　announce: 告知する　regulation: 規則

練習問題・訳

1−5番は次の社内通達に関するものです。

宛　先：全従業員
送信者：マイケル・アンダーソン
日　付：10月14日
件　名：防災

まず初めに、APLファイナンシズの新しい人事部長として自己紹介をさせてください。皆さんの多くはすでにご存知かと思いますが、先月ダグ・ライリーが退職いたしました。今月1日付けで私がダグの職を引き継ぎ、彼が示していたのと同じレベルの決意と機知を持って職務を遂行する機会を得られたことを光栄に思います。

次に、先週の金曜日に4階のキッチンで小さな火災が発生したため、人事部長としての私の最初の仕事は、皆さんに当ビルの火災安全手順の再確認をすることになります。各部長が安全マニュアルのコピーを持っていますので、安全手順を明確に理解していない従業員は再度このマニュアルを読むようにお願いいたします。

また、以下の重要な点を覚えておいてください。

1　当ビル各階のエレベーター付近のロビーに避難経路図があります。
2　各階、階段吹き抜けに消火器が設置されています。また、事務所キッチンとカフェテリアにもあります。
3　多数の従業員が同時に避難する場合、落ち着いて周りの人と協力することが重要です。
4　火災報知器が鳴っても、従業員は危険が差し迫っていると感じるべきではありません。各階の避難経路図に従って避難し、インターコムを通して出される指示を聞きましょう。

○introduce: 紹介する　human resources: 人事部　retire: 退職する　take over: 引き継ぐ　opportunity: 機会　pursue: 遂行する　determination: 決心、決意　resourcefulness: 機知、やりくり上手　demonstrate: 実際に示す　review: 再確認する　procedure: 手順、手続き　evacuation: 避難　extinguisher: 消火器　stairwell: 階段の吹き抜け　evacuate: 避難する　cooperate: 協力する　immediate: 直前の、差し迫った　instruction: 指示　intercom: インターコム（内部通話装置）

1-3. Invitation （招待状）

　　TOEICではパーティー、式典、セミナー、トレードフェア、講演会、会議、オークション等へのinvitation（招待状）がよく使われます。招待状は決まった型があるわけではなく、催しの種類と招待の対象者によってレイアウト、フォーマルさ、文章の量が変わります。**重要な情報は 1. イベントの種類、2. 主催者、3. 日時、4. 場所、5. 連絡先等で目立つように記載されているのが普通**です。TOEICの問題はこれらの情報を使って答えを導くものが多く出題されます。重要な情報をすばやく把握することが短時間で正答を見つける鍵になります。

♪サンプル問題

○訳はp.37 にあります。

①イベントのタイトル

ここをチェックすることで何に対する招待状かが分かります。Cheswick Birdwatching Society Christmas Party 2007とあるので、この文書がクリスマス・パーティーへの招待状であること、そしてそのパーティーの主催者がCheswick Birdwatching Societyであることが分かります。

②招待の文

ここではYou are invited to…「あなたは〜に招待されています」と受動態の文が使われています。能動態のA (cordially) invites you to B「A（＝主催者）はあなたをB（＝イベント）へ（謹んで）ご招待いたします」やA requests the pleasure of your company at B「A（＝主催者）はあなたのB（＝イベント）へのご出席をお願いいたします」等の表現も使われます。

③イベント開催日

イベントが行われる日が記されています。

④開催時間

イベントが行われる時間帯が記されています。

⑤料金

Chargeは「料金」という意味です。ここではFree（無料）であることが伝えられています。

⑥開催場所

イベントが行われる場所が記されています。Riverside Café はレストラン名、31 Timber Wharf, Cheswickは住所です。

⑦返答を求める記述

RSVP（またはR.S.V.P.）はフランス語の répondez s'il vous plaît の頭文字を取ったもので、Please reply「お返事をください」という意味を表します。RSVPの後には、電話番号やメールアドレスなどの連絡先、返事を送る相手、いつまでに返事が欲しいか等の情報が記されます。また、参加できない場合のみ連絡が欲しい旨を伝える表現として、Regrets onlyがあります。

練習問題

Questions 1-5 refer to the following invitation.

VORNAMAN, INC.

cordially invites you to
attend this extraordinary two-day conference:

Maximized Sales 2008

at the Seattle Hyatt Regency
on February 10 and 11

Discover the latest information on trends and opportunities that are changing the future of business. Join our seminars and lectures, and find out about cutting edge approaches that will help you maximize your organization's results.

Day one will feature two lectures by motivational speaker Bill Herbert who will be talking about motivational strategies as well as effective channel management.

Day two will feature lectures by Greg Adams, CEO of Palm Technologies, and writer Robert Irwin, both of whom will be talking about new technologies for accelerated growth.

Give your sales the extra edge by attending Maximized Sales 2008.
Seating is limited so reserve your seat today!

For reservations and a schedule, call 555-2254.
Deadline for reservations is February 8.

1. When will the event be held?
   (A) From February 8 to 11
   (B) February 8, 10 and 11
   (C) February 10 and 11
   (D) February 10 only

2. On what date will Greg Adams be speaking at the conference?
   (A) February 8
   (B) February 9
   (C) February 10
   (D) February 11

3. What kind of event is this invitation for?
   (A) A technology show
   (B) A sales conference
   (C) A media expo
   (D) An advertising seminar

4. Where will this event take place?
   (A) At Vornaman's headquarters
   (B) In a lecture hall
   (C) In a factory
   (D) At the Seattle Hyatt Regency

5. Who will be hosting this conference?
   (A) Vornaman Inc.
   (B) Palm Technologies
   (C) Bill Herbert
   (D) The Seattle Hyatt Regency

解答とスピードアップ・テクニック

1. 【正解】(C)

   イベントはいつ催されますか？
   - (A) 2月8日から11日まで
   - (B) 2月8日、10日と11日
   - (C) 2月10日と11日
   - (D) 2月10日のみ

   holdは「(催しを)開催する」という意味があります。この質問中ではbe heldと受動態になっています。イベントが主語となり「開催される」という意味になります。この用法ではbe heldはtake placeの同義語になります。招待状の初めに…this extraordinary two-day conference: Maximized Sales 2008 … on February 10 and 11とあるので、このイベントは2月10日と11日の2日間に渡って催されることが分かります。開催日は招待状において重要な情報なので、目立つように記載されます。

2. 【正解】(D)

   この会議でグレッグ・アダムズが話をするのは何日ですか？
   - (A) 2月8日
   - (B) 2月9日
   - (C) 2月10日
   - (D) 2月11日

   Greg Adamsという名前は会議第2日目の日程を説明した第3段落に出てきます（Day two will feature lectures by Greg Adams, …）。ここから彼は会議の2日目に話をする予定になっていることが分かります。この大会は2月10日と11日の2日間開かれるので、2日目は2月11日です。開催日に関する表面的な情報だけではなく、本文の内容にも踏み込んで答えを導く問題なので、1番の問題より解くのに時間がかかります。それでも招待状中の基本情報をすばやく押さえることがスピードアップに

繋がります。

3. 【正解】(B)

この招待状はどのようなイベントに対するものですか？
　　(A) テクノロジーショー
　　(B) セールス会議
　　(C) メディア博覧会
　　(D) 広告セミナー

招待状の初めの…this extraordinary two-day conference:の部分から、このイベントがconference（会議）であることが分かります。また、イベントの名称が Maximized Sales 2008であることから sales（販売、セールス）関係の会議であることが予想できます。これらを踏まえてこの招待状がどのようなイベントに対するものなのか考えると、(B) A sales conferenceが答えになります。招待状における基本情報のイベント名が答えを導く決め手となります。

4. 【正解】(D)

このイベントはどこで催されますか？
　　(A) ボルナマン社の本社
　　(B) 講堂
　　(C) 工場
　　(D) シアトル・ハイアット・リージェンシー

take placeは「（イベントが）開催される」という意味で、問1のbe heldの同義語です。この問題では開催場所が問われています。招待状の初めのat the Seattle Hyatt Regencyが答えとなる情報です。ここから(D)を選べます。開催場所は招待状中の基本情報のひとつで、目立つように記載されるのが普通です。この問題では場所を表す前置詞atが場所に関する情報を探す際の指標になっています。Place: やAddress: 等の表示が

されている招待状もあります。

○headquarters: 本社　factory: 工場

5. 【正解】(A)

誰がこの会議を主催していますか？

(A) ボルナマン社
(B) パーム・テクノロジーズ
(C) ビル・ハーバート
(D) シアトル・ハイアット・リージェンシー

host は動詞として用いられると「主催する」という意味を表します。ここでは会議の主催者が問われています。冒頭にVORNAMAN, INC. cordially invites you to ...とあるので、VORNAMAN, INC.が人々を招待していることが分かります。よって、この会社がイベントの主催者であることが分かります。開催者に関する情報も招待状において重要度が高いので、分かりやすいように記されます。ここでは、A（＝主催者） cordially invites you to attend B（＝イベント）という表現が使われていました。B（＝イベント） hosted by A（＝主催者）のような間接的な表現が使われる場合もあります。

練習問題・訳

1－5番は次の招待状に関するものです。

ボルナマン社は
あなたをこの特別な2日間の大会へ
謹んでご招待いたします
マキシマイズド・セールス2008
シアトル・ハイアット・リージェンシーにて
2月10日・11日

ビジネスの将来を変えるトレンドや機会に関する最新の情報を発見してください。
セミナーや講義に参加し、あなたの組織の業績を最大化するのに役立つ
最先端のアプローチを見出して下さい。

1日目は、啓発的演説者ビル・ハーバートが効果的なチャンネル管理と共に
意欲増進戦略について語る、2つの講演があります。

2日目はパーム・テクノロジーの最高経営責任者グレッグ・アダムズと作家
ロバート・アーウィンによる講演があります。両者とも加速的成長のための
最新テクノロジーについて語ります。

マキシマイズド・セールス2008に参加して、
あなたの販売力に強みを与えましょう。
席に限りがありますので、今日すぐにご予約ください！

予約とスケジュールは、555-2254までご連絡ください。
予約の締め切りは2月8日です。

○cordially: 心から、誠意を持って　extraordinary: 特別の、臨時の　conference:（公式の）会議　maximize: 最大化する　latest: 最新の　trend: 動向、流行　opportunity: 機会　cutting edge: 最先端、先頭　organization: 組織　feature: 呼び物にする　motivational: やる気を起こさせるような　strategy: 戦略　effective: 効果的な　channel: 経路、手段、方向　management: 管理、経営　accelerate: 加速する　growth: 成長　extra: 特別の　edge: 切れ味の良さ、優位、利点　attend: 出席する、参加する

サンプル問題・訳　1-1

UBCマーケティング
2106 マンハッタン・ブールヴァード
レドンド・ビーチ，CA 90278
電話 1-888-782-987
hiring@ubc.com

2007年12月6日

ヘレン・ギブソン様
19759 アルパイン・クレスト・ロード
ウォルナット，CA 91789

ギブソン様

経歴書拝受いたしました。UBCマーケティングに関心を持っていただきありがとうございます。

ただ今、欠員はございませんが、貴殿の履歴書は1年間保管させていただきます。その間、募集になる職種ができましたら、履歴書を検討いたします。履歴書は再送なさらないでください。

繰り返しますが、UBCマーケティングに関心を持っていただきありがとうございます。求職がうまくいきますよう。

敬具

アンジェラ・ターナー

アンジェラ・ターナー
人事部長

○resume: 履歴書　opening: 欠員　keep ... on file: …を保管する　available:（希望などに）応じられる　appreciate: 感謝する　human resources: 人事部［課］

サンプル問題・訳 1-2

業務連絡

受信：新入社員
発信：ジミー・ササキ、人事課
日付：8月7日
件　：関係者駐車許可証

2007年9月1日以降，関係者の駐車許可証の料金は以下の通り：

料金	期間
25ドル	9月1日から12月31日
25ドル	1月1日から4月30日
25ドル	5月1日から8月31日
60ドル	1年間

関係者駐車許可証は人事課で購入できます。支払いは現金でも小切手でもできます。クレジット・カードは扱いません。

注意―許可証は就業前に購入のこと

○ employee: 従業員　personnel department: 人事課［部］　permit: 許可（証）　purchase: 購入する accept: 受け付ける

サンプル問題・訳 1-3

チェズウィック・バードウォッチング愛好会クリスマス・パーティ 2007

チェズウィック・バードウォッチング愛好会のクリスマス・パーティにご招待します。ご友人もご遠慮なくお連れください。

日付：12月21日（金）
時間：午後7時から10時
料金：無料
場所：リヴァーサイド・カフェ，31 ティンバー・ワーフ，チェズウィック

バーバラ・オブライエン 324-5637 宛て，12月18日までにご返事お願いします。

○ feel free to ...: 自由に［遠慮なく］…する　RSVP: ご返事お願いします（フランス語の略語）

2

情報を探すキーワードを
質問から見極める

パート7では文章中から細かい情報を探し出して、答えを選ぶ問題が出題されます。具体的には「〜はどこで行われるか？」、「〜はいつか？」、「〜は何をしなければならないか？」、「値段はいくらか？」、「〜に何があったか？」、「〜は何を求めているか？」などの問いです。解き方の基本は**最初に質問を読み、情報を探す手がかりとなるキーワードとなる語句を見極める**ことです。それから本文を検索して、キーワードが使われている箇所を探します。キーワードがそのままの形で見つかることもありますが、違う形に言い換えられていることもあります。次にその前後を見て、答えを出すのに必要な情報を探します。そして最後に対応する選択肢を選びます。選択肢を選ぶ際、言い換え表現に注意しましょう。本文中の表現が選択肢では違った形に言い換えられていることがよくあります。まとめると以下のようになります。

1. 質問を読む。
2. キーワードを選ぶ。
3. 本文を検索して、キーワードに対応する箇所を探す。
4. その前後を読んで答えとなる情報を探す。
5. 対応する選択肢を選ぶ。

　リーディング・セクションはスピードが勝負です。早く解き進めて時間内に終わらせるようにしましょう。それが得点アップにつながります。**パート7の問題を早く解くコツは、答えを出すのに必要なところだけ読むこ**とです。答えと関係のない箇所は読む必要がありません。答えを出すのに必要かどうかは初めに質問を読まなければ、分かりません。質問を先に読んで、答えを選ぶためにどのような情報が必要か確認した上で、その情報を本文中から探すという方法が有効です。読む量を少なくして、すばやく答えを見つけるように心がけてください。

　注：上記解説中の「キーワード (key word)」は、必ずしも1語ではありません。2語以上の場合は厳密に言うと「キーフレーズ(key phrase)」ですが、本書では便宜上、キーワードに統一します。

🎵 サンプル問題

Question 161 refers to the following recipe.

Coconut Shrimp

½ lb raw jumbo shrimp
½ cup flour
½ cup cornstarch
1 teaspoon salt
½ teaspoon white pepper
2 teaspoons cooking oil
2 cups coconut flakes

Peel shrimp. Mix flour, cornstarch, salt and pepper in a medium bowl. Heat the oil to 350 degrees in an electric skillet. Dip shrimp in batter, then roll each shrimp in coconut flakes. Fry shrimp until lightly browned. Place shrimp in a shallow baking dish and bake at 300 degrees for 5-7 minutes to complete cooking. Top with marmalade, mustard, honey and/or hot sauce.

Serves: Two people as an appetizer.
Total preparation time: 16 minutes. ③
②

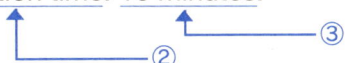

161. How long does it take to prepare coconut shrimp? ← ①

    (A) Two minutes
    (B) Seven minutes
    (C) Sixteen minutes ← ④
    (D) Twenty-five minutes

    ○ 訳はp.58にあります。

①質問を読んで、キーワードを選ぶ

本文を読む前に質問を読みます。そして、質問で使われている語句の中からキーワードを選びます。この問題は「ココナッツ・シュリンプを作るのにどのくらい時間がかかるか？」という質問なので、キーワードはHow longとto prepareです。

②キーワードを手がかりに本文を検索

本文を検索して、キーワードに対応する箇所を探します。キーワードがそのままの形で見つかることもありますが、言い換え表現や別の語句がキーワードに対応している場合もあります。この問題ではHow longはtime、to prepareはpreparationに対応しています。

③答えとなる情報を探す

本文中にキーワードが見つかったら、次に答えとなる情報を探します。答えとなる情報はキーワードの近くにあるのが普通です。キーワードの前後を見てください。ここではキーワード直後に調理時間は16分であることが記されています。これが答えとなる情報です。時間に関する情報は本文4〜5行目にPlace shrimp in a shallow baking dish and bake at 300 degrees for 5-7 minutes to complete cooking.とありますが、この5-7 minutesはオーブンで焼く時間です。ココナッツ・シュリンプを作るのにかかる時間ではありません。注意しましょう。

④対応する選択肢を選ぶ

本文の該当箇所から準備にかかる時間が16分であることが分かったのでそれに対応する選択肢(C)を選びます。この問題ではSixteen minutesとほぼ同じ形で出てきていますが、本文中で使われた語句が違う形に言い換えられていることも多くあります。答えを選ぶ際、言い換え表現に注意しましょう。

練 習 問 題

Questions 1-4 refer to the following announcement.

In compliance with the Australian Consumer Product Board (ACPB), Vortex Corporation, of Melbourne Australia, is voluntarily recalling 860 washer and dryer units from stores and homes nationwide. These units have a faulty ventilation system that poses a fire hazard.

These units were sold from October 10, 2006 under the product's brand name Vortex Whirl®. The brand name, model and serial number can be found on the inside of the machine's top panel. These units were produced in white, light beige, and light blue.

Units covered in this recall are as follows:
Model: VXW-700   Serial #: Has D or Y as the fourth character
       VXW-730   Serial #: Has D or Y as the fourth character

Consumers that purchased these units should stop using them and unplug them immediately. Although no damage to properties has been reported, four consumers reported that their units overheated and shut down. Consumers may call 1-800-3240-2611 for more information on pick-up and refunds. Please have your unit's serial number ready when you call.

Australian Consumer Product Board

1. According to this announcement what poses a fire hazard?
   (A) The machine's top panel
   (B) Damage to properties
   (C) A faulty ventilation system
   (D) Defective plugs

2. Who reported that their units overheated?
   (A) Four consumers
   (B) The Australian Consumer Product Board
   (C) Technical staff at Vortex Corporation
   (D) People whose properties were damaged

3. What is Vortex Corporation voluntarily doing?
   (A) Repairing washer and dryer ventilation systems
   (B) Introducing its new washer and dryer unit
   (C) Recalling 860 washer and dryer units
   (D) Shutting down their nationwide operation

4. What should owners of the VXW 700 do if the fourth character of the serial number is D?
   (A) Report all damages
   (B) Shut them down in the case of overheating
   (C) Bring them to the Consumer Product Board
   (D) Unplug them immediately

解答とスピードアップ・テクニック

1. 【正解】(C)

このお知らせによると、何が火災の危険を引き起こしますか？
- (A) 機械の天板
- (B) 建物への損害
- (C) 換気装置の欠陥
- (D) 欠陥のあるプラグ

キーワードは a fire hazard「火災の危険」です。これを手がかりに本文を検索すると、第1段落の終わりに見つかります。キーワードを含む文は、These units have a faulty ventilation system that poses a fire hazard. となっています。ここから、a faulty ventilation が問題であることが分かります。これは選択肢(C)に挙げられています。

◯according to: ～によれば　defective: 欠陥のある　plug: コンセント

2. 【正解】(A)

製品が過熱したと誰が報告しましたか？
- (A) 4人の消費者
- (B) オーストラリア消費者製品審議会
- (C) ボルテックス社の技術スタッフ
- (D) 建物に損害を受けた人

キーワードは overheated「過熱した」です。これを手がかりに本文を検索すると、第4段落第2文に Although no damage to properties has been reported, four consumers reported that their units overheated and shut down. とあるのが見つかります。ここから製品が過熱したことを報告したのは four consumers「4人の消費者」であることが分かります。選択肢の(A)が対応しています。

3. 【正解】(C)

ボルテックス社は自主的に何をしていますか？
(A) 洗濯乾燥機の換気装置の修理
(B) 新しい洗濯乾燥機の導入
(C) 860型洗濯乾燥機の回収
(D) 全国的な操業の停止

キーワードは会社名のVortex Corporationとvoluntarily「自主的に」です。これは第1段落第1文中に含まれています。…Vortex Corporation, of Melbourne Australia, is voluntarily recalling 860 washer and dryer units from stores and homes nationwide. となっていて、答えとなる情報はキーワードvoluntarilyの後ろのrecalling 860 washer and dryer unitsです。これは選択肢の(C)に挙げられています。

○repair: 修理する　introduce:（新製品などを）売り出す、導入する　operation: 操業

4. 【正解】(D)

VXW700の所有者は、もし製造番号の4番目の文字がDならば、何をするべきですか？
(A) 全ての損害を報告する
(B) 過熱した場合は停止する
(C) 消費者製品審議会に持っていく
(D) 直ちにプラグを抜く

キーワードは製品名のVXW 700とthe fourth character of the serial number is D「製造番号の4番目の文字がD」です。これは第3段落のModel: VXW-700 Serial #: Has D or Y as the fourth characterに含まれています。答えとなる情報は後ろの続く部分にあります。第4段落の初めのConsumers that purchased these units should stop using them and unplug them immediately.から、VXW700の所有者がすべきことは、unplug them immediatelyであることが分かります。これには選択肢の(D)が対応しています。

練習問題・訳

1－4番は次のお知らせに関するものです。

オーストラリア消費者製品審議会（ACPB）に従い、オーストラリアのメルボルンにあるボルテックス社は、全国の店舗や家庭から860型洗濯乾燥機を自主回収しております。この製品は換気装置に欠陥があり、火災を起こす危険性があります。

これらはボルテックス・ウォールという製品名で2006年10月10日から販売されていました。製品名、型番、製造番号は製品の天板の内側にあります。製品には白、ライトベージュ、水色があります。

この回収の対象製品は次の通りです：
型： VXW-700　製造番号の4番目の文字がDまたはY
　　 VXW-730　製造番号の4番目の文字がDまたはY

これらの製品をご購入された方は、ただちに使用を中止し、コンセントを抜いてください。器物破損は報告されていませんが、4人の消費者から製品がオーバーヒートして停止したという報告がありました。回収と返金に関するさらなる情報は、1-800-3240-2611にお電話ください。お電話の際、製造番号をお手元にご用意ください。

オーストラリア消費者製品審議会

◉in compliance with:（指示などに）応じて　consumer: 消費者　board: 委員会　voluntarily: 自主的に　recall:（欠陥品を）回収する　unit: 器具、装置　nationwide: 全国的に　faulty: 欠点のある　ventilation: 換気　pose:（問題を）引き起こす　hazard: 危険　brand: 銘柄、商標　serial number: 製品番号　cover: 含む　as follows: 次の通りで　character: 文字　purchase: 購入する　unplug: コンセントを抜く　immediately: すぐに　property: 資産、道具　pick-up: 収集（この場合は「返品」のための）　refund: 払い戻し

練 習 問 題

Questions 5-7 refer to the following return policy.

Shooter's Return Policy

If you believe that your Shooter camera is faulty, you are required to return it with your receipt within a period of 14 days after the date of purchase. Customers may return products to a store nearest them. We recommend that customers contact Shooter's customer service hotline for information before returning the camera. After the camera has been returned, it will be sent to one of our service agents for repair. If the item cannot be repaired, Shooter will offer a refund or an exchange coupon for the item.

If you are not absolutely satisfied with your new Shooter camera, you need only return the item with your receipt. Providing that the camera is still in a new condition and includes its original accessories, instruction manual(s) and packaging, Shooter will offer a replacement, exchange or refund.

For returns of Shooter merchandise from our online customers, Shooter requests that faulty products be returned within a period of 14 days after the date of delivery. The price of the product and value added tax will be returned to the customer. Faulty products may also be picked up free of charge from your home by one of our carriers. Shooter does not pay for loss or damage of goods in transit. Online customers are strongly recommended to select an insured shipping option when purchasing a Shooter camera from our online site.

For more information, please contact our customer service hotline at 1-800-555-5349.

5. When are customers required to return faulty cameras to Shooter?
   (A) Within a month after the delivery
   (B) Before a two-week period has elapsed after the camera's purchase
   (C) After contacting Shooter's customer service hotline
   (D) Following a fourteen-day period

6. Under what circumstances should a customer return a camera to Shooter?
   (A) If the camera is not defective
   (B) If the packaging has been discarded
   (C) If the customer is not fully content with the product
   (D) If the owner of the camera has purchased shipping insurance

7. What is strongly recommended to online customers?
   (A) That they make a complaint to the customer service hotline
   (B) That they clarify expenditures after calling a customer service hotline
   (C) That they visit nearby shops that can help assist customers with their cameras
   (D) That they opt for insuring their package before it is sent

解答とスピードアップ・テクニック

5.【正解】(B)

客はいつ欠陥のあるカメラをシューター社へ返送するように求められていますか？

(A) 配送後1カ月以内
(B) カメラの購入後2週間が経過する前に
(C) シューター社のカスタマー・サービス・ホットラインに連絡した後に
(D) 14日期間の後

Whenを使った質問でカメラを返却する「時」が問われています。return faulty cameras「欠陥のあるカメラを返却する」がキーワードです。これを手がかりに本文を検索すると1行目にyour Shooter camera is faulty, you are required to return itが見つかります。答えとなる「時」に関する情報はその後ろに続く、within a period of fourteen days after the date of purchase「購入日の後、14日以内」です。これは(B)のように言い換えることが出来ます。within a period of fourteen days「14日以内」はBefore a two-week period has elapsed「2週間の期間が経つ前」（elapse＝時が経つ）と同じ意味になります。(C)はrecommend「薦める」されている内容でrequire「求める」されている内容ではありません。(D)はfollowing「～に続いて」が本文の内容に合いません。

6.【正解】(C)

客はシューター社にどのような条件の下でカメラを送るべきですか？

(A) もしカメラに欠陥がなかったら
(B) パッケージが捨てられていたら
(C) 客が商品に完全に満足していなかったら
(D) カメラの所有者が配送に保険をかけていたら

問われているのはUnder what circumstances「どのような条件の下で」ということです。キーワードはreturn a camera「カメラを返却する」

ですが、これに対応する箇所は本文中に複数あります（第1段落2行目 return it、第1段落3行目 rerurn products、第1段落5行目 returning the camera、第2段落2行目 return the item、第3段落1行目 returns of Shooter merchandise、第3段落2行目 faulty products be returned）。それぞれの箇所の前後をチェックして、返却の条件について述べられていないか調べ、選択肢に対応しているものを選びます。第2段落1行目の you need only return the item の前の部分で If you are not absolutely satisfied with your new Shooter camera と述べられています。これが(C)に対応しています。not absolutely satisfied with... と not fully content with... はともに「～に完全に満足していない」という意味を表します。

⊙circumstances: 状況、条件　defective: 欠陥のある　discard: 捨てる、廃棄する
　content: 満足して　insurance: 保険

7.【正解】(D)

オンラインで購入する客には何が強く勧められていますか？
　(A) カスタマー・サービス・ホットラインへ苦情を言うこと
　(B) カスタマー・サービス・ホットラインへの電話の後、費用を確認すること
　(C) カメラについて客に援助が出来る近くの店舗を訪れること
　(D) 送られる前に小包に保険をかける選択をすること

オンラインでの購入者に対して奨励されていることが問われているので、キーワードは strongly recommended to online customers です。第3段落6行目の Online customers are strongly recommended がこのキーワードに対応しています。答えとなる情報はその後ろにある to select an insured shipping option「保険付き配送オプションを選ぶ」です。この部分が選択肢では opt for insuring their package「小包に保険を掛けることを選ぶ」に言い換えられています。

⊙complaint: 苦情　clarify: 明確にする　expenditure: 費用　insure: 保険をかける

練習問題・訳

5－7番は次の返品条件に関するものです。

シューター社の返品条件

シューターカメラに欠陥があると思われる場合は、購入日後14日以内にレシートと一緒に返品する必要があります。お客様は最寄りの販売店へ商品を返品することができます。カメラを返品なさる前に、シューターのカスタマー・サービス・ホットラインへ問い合わせることをお勧めいたします。カメラは返品後、修理のために当社の修理業者へ送られます。もし商品が修理出来ない場合は、シューター社は商品代金を返金するか、商品の交換クーポンを差し上げます。

もし新しいシューターカメラに完全にご満足いただけない場合は、レシートと一緒にカメラを返品していただければ結構です。カメラが新品の状態で、元の状態の付属品、取扱説明書とパッケージが揃っていれば、シューターはお取替え、交換または返金をいたします。

オンラインでご購入のお客様からのシューター製品の返品は、シューター社は、欠陥商品が配達日から14日以内に返品されるようお願いしています。消費税を加えた商品代金をお客様に返金いたします。また、欠陥商品は無料で当社の運搬業者がお客様のご家庭から回収します。シューター社は輸送中に発生した商品の紛失または破損に対しては補償いたしません。オンラインでご注文のお客様には、当社のオンラインサイトからのシューターカメラのご購入に際し、保険付きの配送を是非お選びいただくようお勧めいたしております。

詳しくは当社カスタマー・サービス・ホットライン1-800-555-5349までご連絡ください。

○policy: 方針　faulty: 欠陥のある　purchase: 購入　recommend: 推奨する　contact: 連絡する　agent: 代理店、代理業者　repair: 修理　item: 品目　offer: 提供する　refund: 払い戻し　exchange: 交換（この文の場合、違う商品でも可）　absolutely: 完全に　providing that: ～ならば　instruction: 取り扱い説明　replacement: 取り替え（この文の場合、同じ型のカメラ）　merchandise: 商品　delivery: 配達　value added: 付加価値　free of charge: 無料で　carrier: 運搬人　transit: 輸送　insured: 保険をかけた　option: 選択

練 習 問 題

Questions 8 - 10 refer to the following news report.

The Illinois Agricultural Statistics Service (IASS) reported on Wednesday that no more than 62% of the state's corn crop was in good-to-excellent condition as of August 10. Unseasonably low temperatures and an above-average rainfall during the month of July have both contributed to the diminishing crop. The IASS has already received several reports of pollination problems in crops across Illinois, though the organization has made clear that it is still too soon to determine how badly this summer's conditions have affected the pollination process of the crop. Pollination is essential for the overall success of a harvest and investors are anxiously awaiting next week's IASS report on pollination figures.

The IASS has already reported that dent corn will be hit the hardest this summer, with over 22% of the crop already rated in poor-to-very poor condition as of August 10, up from 14% at the end of July. The service also announced that sweet corn had been affected, with 13% percent of the crop rated in poor-to-very poor condition as of August 10.

Farmers in Iowa and Missouri are also uneasy about this year's yield as bad weather has caused an equal amount of damage all across the corn belt, and more clouds and cool days have been forecasted for the days ahead.

8. According to this news report, what is crucial for a corn crop's success?
   (A) Cool weather
   (B) A lot of rain
   (C) Fertilizer
   (D) Pollination

9. What percentage of sweet corn was categorized as being in poor-to-very poor condition by August 10?
   (A) 13%
   (B) 14%
   (C) 22%
   (D) 62%

10. What is the weather expected to be like in the region over the next few days?
    (A) Hot
    (B) Humid
    (C) Cold
    (D) Sunny

解答とスピードアップ・テクニック

8.【正解】(D)

このニュースレポートによると、何がトウモロコシ収穫の成功に不可欠ですか？

 (A) 涼しい気候
 (B) 多量の雨
 (C) 肥料
 (D) 受粉

キーワードはcrucial for a corn crop's success「トウモロコシ収穫の成功に不可欠」です。これを手がかりに本文を検索すると、違う語句を使って同じ意味を表している部分が見つかります。第1段落9行目のessential for the overall success of a harvest「収穫の全体的な成功に絶対必要」がそれにあたります。何がessential「絶対必要」かはこのフレーズを含む文の主語になっているpollination「受粉」です。

◯crucial: 決定的な、重大な success: 成功 fertilizer: 肥料

9.【正解】(A)

8月10日までに何パーセントのスイートコーンが「悪い－大変悪い」状態に分類されていますか？

 (A) 13パーセント
 (B) 14パーセント
 (C) 22パーセント
 (D) 62パーセント

キーワードはsweet corn「スイートコーン」、a poor-to-very poor condition「『悪い－大変悪い』状態」、そしてAugust 10「8月10日」の3つです。この3要素を本文中から探し出します。第2段落4～5行目にこれらを含む一文があります。…sweet corn had been affected, with 13% percent of the crop rated in poor-to-very poor condition as of August

10.から正解は13パーセントであることが分かります。第2段落前半はsweet cornではなくdent cornという別の種類のトウモロコシの話をしています。惑わされないように注意が必要です。

◯categorize: 分類する

10.【正解】(C)

この地域では今後数日間に天気がどのようになると予想されていますか？

(A) 暑い
(B) 湿度が高い
(C) 寒い
(D) 晴れ

weather「天気」とexpected「予想されている」がキーワードです。天気予報に関する記述を本文中に探すと第3段落3〜4行目にmore clouds and cool days have been forecasted for the days aheadという部分が見つかります。質問のexpectedが本文のforecastedに対応しています（注意：forecast「予想・予報する」の過去形・過去分詞はforecastとforecastedの2種類が可能）。本文のcool daysが選択肢ではcoldに言い換えられています。cool「涼しい」はcold「寒い」に近い意味を表すので、このような言い換えが可能です。

◯region: 地域　humid: 湿気のある

練習問題・訳

8－10番は次のニュースレポートに関するものです。

イリノイ州農業統計サービス（IASS）は、8月10日現在、「良好－大変良好」の状態にある州のトウモロコシは62％に満たないと水曜日に発表した。7月の例年にない低い気温と平均以上の雨量が不作の原因になっている。IASSは、イリノイ州全域において受粉に関する問題の報告を受けているが、今年の夏の状況がトウモロコシの受粉プロセスに与えた影響の程度を見極めるには時期尚早であるとしている。受粉は収穫全体の成功に不可欠で、投資家は来週発表されるIASSの受粉数値の報告を心待ちにしている。

IASSは、「悪い－大変悪い」状態に評価された範囲が7月末の14％から8月10日現在で22％以上にまで上がったデントコーンが、この夏もっとも大きな打撃を受けるだろうとすでに報告している。同サービスは、8月10日現在、収穫の13％が「悪い－大変悪い」状態にあるスイートコーンも影響を受けていると発表した。

アイオワ州とミズーリ州の農民もまた、悪天候がコーンベルト全域において同程度の被害を引き起こしており、今後も雲の多い寒い日々が予想されているので、今年の収穫に不安を抱いている。

○agricultural: 農業の　statistics: 統計　as of: ～現在で　unseasonably: 季節外れに　temperature: 気温　above-average: 平均以上の　contribute to: ～の一因となる　diminish: 小さくなる　pollination: 受粉　organization: 組織　make clear: ～をはっきりさせる　determine: 決定する　affect: 影響する　essential: 必須の　overall: 全般的な　harvest: 収穫　investor: 投資家　anxiously: 心配して、切望して　await: 待つ　figure: 数値　be hit the hardest: 一番打撃を受ける　rate: 評価する　uneasy: 不安な　yield: 収穫　amount: 量　forecast: 予測する

サンプル問題・訳

161番は次のレシピに関するものです。

ココナッツ・シュリンプ

生エビ（大）　1/2ポンド
小麦粉　1/2カップ
コーンスターチ　1/2カップ
塩　小さじ1杯
白コショウ　小さじ1/2杯
サラダ油　小さじ2杯
ココナッツフレーク　2カップ

海老の殻をむきます。小麦粉、コーンスターチ、塩、コショウを中位のボウルに入れ混ぜます。電気フライパンに油を入れ350度に温めておきます。海老に衣をつけ、ひとつずつココナッツフレークに入れてまぶします。軽くキツネ色になるまで海老を炒めます。浅いオーブン用の耐熱皿に海老を入れ、300度で5分から7分焼いて仕上げます。マーマレードやマスタード、蜂蜜またはホットソースなどをかけます。

分　　量：前菜として2人分
準備時間：16分

○

161. ココナッツ・シュリンプを作るにはどのくらい時間がかかりますか？
　　(A) 2分
　　(B) 7分
　　(C) 16分
　　(D) 25分

○shrimp: エビ　lb: ポンド（＝pound）　raw: 生の　flour: 小麦粉　cornstarch: コーンスターチ　peel: 皮をむく　medium: 中位の、中型の　degree:(温度の)度　skillet: フライパン　dip: 浸す、漬ける　batter:（フライなどの）ころも　shallow: 浅い　bake:（オーブンなどで）焼く　top: 覆う、のせる　appetizer: 前菜　preparation: 準備　prepare: 準備する

3

「目的」を尋ねる問題は
文書の初めに注目！

手紙、メール、お知らせ、社内通達などの purpose「目的」を尋ねる問題はパート7の定番です。What is the purpose of this letter?（この手紙の目的は何ですか）や Why was this e-mail written?（なぜこのメールは書かれましたか）というタイプのものです。質問が漠然としているので、焦点が絞りにくいかもしれません。このタイプの問題は、以下の手順で解いていくと良いでしょう。

1. **手紙や社内通達は Subject: や Re:（ともに「件名」の意）の項目をチェックする。**
   →「件名」をおさえることで文書の主題が分かります。多くの場合、それはその文書が書かれた目的と直接的に関係しています。
2. **文書の初めの部分に注目する。**
   →ビジネス文書では、書き手がなぜそれを書いているのかという理由を初めの部分で説明するのが基本です。よって、文書の初めの数行を読むことで、目的が分かることがよくあります。
3. **＜to 不定詞＞を使った表現に注目する。**
   →英語では「目的」を表すのに＜to 不定詞＞が使われます。「目的」をおさえるためには、文書中の＜to 不定詞＞に注目しましょう。ビジネス文書でよく使われる目的を表す表現に以下のようなものがあります。

　　I am writing to apply for the position of assistant manager.

　　I would like to thank you for the generous contribution you made to our organization.

　　I am happy to inform you that your article will be featured in the next issue of our magazine.

　　This letter is to notify you that your credit card payment is a month overdue.

　　This is to inform you of several new changes we will be implementing this year.

　　We wanted to warn you that we will discontinue our service from next year.

4. 各段落の1行目を読んで文書の大意を把握する。

　問題によっては文書全体の意味を大まかに把握して、目的を割り出す必要がある場合もあります。それをすばやく行うには、各段落の1行目だけ読んでいくことです。その段落中で一番重要なことは1行目に書かれていることが多いので、その部分を追っていくと、文書全体で伝えようとしているメッセージが理解できます。

🎵 サンプル問題

Question 162 refers to the following letter.

Mr. Thomas Randall
Nevada Interiors
3235 Sunrise Avenue
Las Vegas, NV 89101

Dear Mr. Randall:

　<u>I am writing to express my appreciation for the renovations you made at the Regency Motel last month.</u> The changes have made a big difference. ——②

　The staff is a lot more cheerful recently, and the customers seem happier too. Surely this is a result of the bright and happy atmosphere you and your team created for us.

　I will recommend Nevada Interiors to friends, and I will give you a call next May when we renovate our souvenir shop.

Thank you again,

Joe Branford

Joe Branford

---

3 「目的」を尋ねる問題は文書の初めに注目！

162. What is the purpose of this letter? ←——①
   (A) To show gratitude ←—— ③
   (B) To make a reservation
   (C) To order souvenirs
   (D) To pay an invoice

   ○訳はp. 70にあります。

①まず、質問を読む

本文を読む前に質問を読みます。What is the purpose of ...は目的を解く問題の典型です。目的が問われているので、「この人はなぜこの手紙を書いたんだろう」ということを考える問題タイプであることが分かります。

②文書の初めの部分を見る

文書の書かれた目的は出だしの部分で説明されていることが多いので、最初にそこをチェックします。するとI am writing to express my appreciation for the renovations you made at the Regency Motel last month. とあります。これが手紙を書いている目的です。手紙やメールの目的はI am writing の後ろに続くto 不定詞の部分で表されることが多くあります。この問題ではto express my appreciation for the renovationsがそれにあたります。これが答えになる情報です。

③選択肢を見る

この手紙が書かれた目的はto express my appreciationであることが冒頭部分で述べられているので、それに対応する選択肢を選びます。この問題では言い換え表現が使われています。正解は(A) To show gratitudeです。to expressがTo showに、appreciationがgratitudeに言い換えられています。このような言い換え表現はパート7で頻繁に使われます。慣れるようにしましょう。

練 習 問 題

Question 1 refers to the following announcement.

Recruitment specialist Rattan Resources is proud to announce that it is relocating to larger premises to better meet the needs of its clients and to accommodate the heightened demand for its services. Rattan is hopeful that the relocation of its offices will mark its first step towards future growth as the company aims to expand and operate throughout the Maritime Provinces.

The new Rattan location will be situated at 257 Main Street and will offer facilities that will help the company improve its services for both clients and employees. With the popularity of new services such as Rattan's Broaden Project, the company hopes to continue contributing to the growth of the province.

1. What is the purpose of this announcement?
    (A) To update the public about sales figures and growth rates
    (B) To inform clients about new services and a recent company project
    (C) To announce a new public works project for the Maritime Provinces
    (D) To notify readers that Rattan Resources is moving to a new location

解答とスピードアップ・テクニック

1. **【正解】**（D）

    このお知らせの目的は何ですか？
    - (A) 売上と成長率の最新情報を人々に知らせる
    - (B) 新サービスと最近の社のプロジェクトを顧客に知らせる
    - (C) 沿海州の新しい公共事業の計画を発表する
    - (D) ラタン・リソーシーズが新しい場所へ移転することを読者に知らせる

　「文書の初め」と「＜to 不定詞＞を使った表現」に注目することで答えが見つかります。第1行目の Recruitment specialist Rattan Resources is proud to announce that it is relocating to larger premises to… から目的が判断できます。is proud to announce that…「誇りを持ってお知らせします」というのは、日本語に直訳すると大げさに聞こえますが、要するに「(that 以下のことを) お知らせします」ということを伝えています。これが文書の目的です。ただし、(A)、(B)、(D)で使われている動詞（update, inform, notify）は announce「お知らせする」に意味が近く、使い方によって言い換え表現となり得ます。また、(C)の announce は全く同じ語になっています。そこで、that 以下の it is relocating to larger premises「より広い事務所へ移転する」が鍵となります。これに対応しているのは(D)です。relocating to larger premises は moving to a new location「新しい場所に引っ越す」と言い換えることが出来ます。

　○purpose: 目的　update: 最新情報をもたらす　recent: 最新の　notify: 通知する

練習問題・訳

1番は次のお知らせに関するものです。

人材派遣会社、ラタン・リソーシーズは、顧客のニーズをよりよく満たし、高まっているサービスに関する需要に対応するためにより広い事務所へ移転することをここに発表いたします。ラタン社は事業を拡張し沿海州全域における操業を目標としておりますので、事務所の移転が将来の成長へ向けての第一歩となることを期待しております。

ラタン社の新しい所在地はメインストリート257番地となり、顧客と従業員双方に対するサービスの向上をもたらす施設をそなえております。ラタン拡大プロジェクトなどの新サービスの人気により、当社はこの州の成長に貢献し続けることを望んでいます。

◯announcement: 通知、告知　reruitment: 新人募集（recruitment specialistで「人材派遣業」）　announce: 発表する、告知する　relocate: 移転する　premises: 家屋敷、建物　client: 顧客　accommodate: 適応する　heighten: 高める　demand: 需要、要求　relocation: 移転　growth: 成長　aim: 目指す　expand: 拡張する　operate: 操業する　Maritime Provinces: 沿海州　location: 位置、場所　situated: 位置して　facilities: 施設　employee: 従業員　popularity: 人気　continue: 続ける　contribute to: 貢献する　province: 州

「目的」を尋ねる問題は文書の初めに注目！

練 習 問 題

Questions 2-3 refer to the following e-mail.

Dear Ms. Buckley,

On Tuesday, March 25 I received a letter from a Mr. Reilly, a valued customer of ours. He has written to complain that several of the books we sent to his residence on March 17 were damaged during delivery.

Mr. Reilly has been an excellent customer to us over the last several years and it would be a shame for us to lose him. He has often purchased antique books from our shop, and I feel that our reputation may be at stake if we do not address Mr. Reilly's complaint with care.

He has requested an explanation for how this mishap occurred. I would be grateful to you if you would respond to Mr. Reilly as soon as possible so that the matter can be resolved.

Sincerely,

Vicky Middleton

2. What is the purpose of Ms. Middleton's e-mail?

   (A) To complain about the damaged items

   (B) To inquire about the shipping insurance

   (C) To inform Ms. Buckley of the delivery date

   (D) To ask Ms. Buckley to contact one of their clients

3. What was the purpose of Mr. Reilly's letter to this shop?

   (A) To complain about the damaged items that were sent to him

   (B) To inquire whether or not his items had been insured

   (C) To demand an apology as soon as possible

   (D) To notify the shop that the books he had ordered were not delivered

解答とスピードアップ・テクニック

2. 【正解】(D)
   ミドルトンさんのメールの目的は何ですか？
   (A) 破損した商品に対して苦情を言う
   (B) 輸送保険に関して問い合わせる
   (C) バックリーさんに配送日を知らせる
   (D) 顧客の1人に連絡を取るようにバックリーさんに頼む

問われているのはMs. Middleton's e-mail（このメール）の目的です。しかしメールの初めの部分を読むだけでは目的は特定できません。この問題は全体の大意を把握して解きます。大意を素早く押さえるためには、各段落の1行目の文に注目するのが有効です。

第1段落：On Tuesday, March 25 I received a letter from a Mr. Reilly, a valued customer of ours.「3月25日火曜日、私は当社の大切なお客様であるレイリー様から、お手紙をいただきました」

第2段落：Mr. Reilly has been an excellent customer to us over the last several years and it would be a shame for us to lose him.「レイリー様はこの数年、当社のとても良いお得意様で、彼が離れてしまうのは大変遺憾です」

第3段落：He has requested an explanation for how this mishap occurred.「彼はこのような事故がどのように起こったのか説明を求めています」

これらの情報から「顧客から手紙を受け取った」→「彼は失いたくない顧客である」→「説明を求めている」という流れが見えてきます。説明を求められているので、ではどうするか、ということになります。第3段落1～2行目に、I would be grateful to you if you would respond to Mr. Reilly…「レイリーさんに連絡を取っていただけると助かります」とあるので、レイリーさんに連絡を取るように頼むのが目的であると分かります。よって、(D) To ask Ms. Buckley to contact one of their clientsが正解です。I would be grateful to you if you wouldは人に何か

「目的」を尋ねる問題は文書の初めに注目！

頼む際に使う丁寧な表現です。選択肢のaskに対応しています。それ以外にもyou→Ms. Buckley, respond→contact, Mr. Reilly→one of their clientsという言い換え表現が使われています。

◯inquire: 問う、訪ねる　shipping: 輸送　insurance: 保険　inform: 知らせる

3. 【正解】(A)

この店へのレイリーさんの手紙の目的は何でしたか？
　(A) 彼に送られた商品の破損に関して苦情を言う
　(B) 彼の商品に保険がかけられていたかどうか問い合わせる
　(C) 早急な謝罪を求めるため
　(D) 彼が注文した書籍が配達されていないことを店に知らせるため

ここで問われているのはMr. Reilly's letterの目的です。このメール自体の目的ではなく、メール中で言及されている手紙に関する問題です。Mr. Reilly's letterをキーワードに本文を検索すると、第1段落2行目のHe has written to complain that several of the books we sent to his residence on March 17 were damaged during delivery. が見つかります。to complain「苦情を言う」が目的です。何に対しての苦情であるかは、後ろに続くthat節で表されています。that several of the books we sent to his residence on March 17 were damaged during delivery. から商品が輸送中にダメージを受けたことが分かります。これに対応する選択肢は(A)です。

◯apology: 謝罪　notify: 通知する

練習問題・訳

2-3番は次のEメールに関するものです。

バックリー様

　3月25日火曜日、当社の大切なお客様であるレイリー様からお手紙をいただきました。3月17日に当社から彼の自宅へ発送した書籍の内、数冊が配送途中で破損していたという苦情が書かれたものでした。

　レイリー様はこの数年、当社のとても良いお得意様で、彼が離れてしまうのは大変遺憾です。彼はアンティーク書物を、当社のショップから頻繁にご購入されており、もし私達がレイリー様の苦情に対し慎重に対処しなければ、当社の信用にかかわる問題となるでしょう。

　彼はこのような事故がどのように起こったのか説明を求めています。この問題が解決されるように、あなたからレイリー様に出来る限り早く連絡してくださると助かります。

敬具

ビッキー・ミドルトン

○ valued: 貴重な、大切な　complain: 不満を言う　residence: 住居　damage: 損なう、傷つける　delivery: 配達　excellent: 一流の　shame: 残念なこと　purchase: 購入する　antique: 骨董品の　reputation: 評判、世評　at stake: 危険にさらされて　address: 取り組む、対処する　complaint: 苦情　explanation: 説明　mishap: 事故　occur: 起こる　grateful: 感謝して　respond: 答える　resolve: 解決する

| サンプル問題・訳 |

162番は次の手紙に関するものです。

トーマス・ランダル様
ネバダ・インテリア
3235 サンライズ・アベニュー
ラスベガス、ネバダ州　89101

ランダル様

　先月行っていただいたリージェンシー・モーテル改築に対してお礼を申し上げたく、筆をとっております。改装は大きな効果がありました。

　スタッフは最近、大変明るくなりましたし、お客様にも好評のようです。これは間違いなく、あなたとあなたのスタッフの皆様が私たちのために創り上げてくださった明るく楽しい雰囲気のおかげです。

　友人たちにもネバダ・インテリアを薦めます。そして来年の5月に土産物店の改装をする際、お電話いたします。

ありがとうございました。

ジョー・ブランフォード

ジョー・ブランフォード

○

162. この手紙の目的は何ですか？
　　(A) 感謝の意を表す
　　(B) 予約をする
　　(C) 土産物を注文する
　　(D) 請求書を支払う

○express: 表現する、言い表す　appreciation:感謝　renovation: 修繕、改築　make a difference: 変化をもたらす　cheerful: 明るい、陽気な　recently: 最近　surely: 確かに、間違いなく　result: 結果、効果　atmosphere: 雰囲気　recommend: 推薦する　renovate: 修繕する、改築する　souvenir: 記念品、土産　purpose: 目的　gratitude: 感謝　reservation: 予約　invoice: 送り状、請求書

4

時間のかかる選択肢問題は
他の問題の後で解く

パート7の問題の中には、答えを見つけるのに時間がかかるものもあります。それは答えを出すのに各選択肢を本文に照らし合わせて、選択肢で述べられている情報が本文の内容と合うかどうか検証する必要がある問題です。具体的には、What is indicated about …?「～に関して何が示されていますか？」、What is suggested about …?「～に関して何がほのめかされていますか？」、What is true of …?「～に関して何が正しいですか？」、What can be inferred about …?「～に関して何が推測できますか？」、What is implied in the e-mail?「メールで何がほのめかされていますか？」、What does the letter state?「手紙で何が述べられていますか？」、といったタイプの問題です。

　2.の「情報を探すキーワード」で取り上げた問題は、質問中のキーワードを手がかりに本文を検索して答えを導くのに必要な情報を探しました。よって、ひとつの問題を解くのに検索は1回で済みます。それに対して、各選択肢を本文に照らし合わす必要がある問題では、ひとつの問題を解くのに最大4回の検索が必要です。例えば、What is mentioned in the memorandum?「社内通達で何が述べられていますか？」という問題があるとします。まず、選択肢(A)を見て、それが社内通達で述べられている内容に合うかどうかチェックします。文章の初めから終わりまで目を通さなければなりません。もし、(A)と一致する情報が本文中に見つからない場合は、選択肢(B)を見て、再び本文を検索します。(B)の情報が見つからない場合、さらに選択肢(C)、(D)と順に検証していきます。(A)が正解の場合は、検索が1回で済むので比較的早く答えが見つかりますが、(D)が正解の場合は時間がかかります。

　このタイプの問題は同じ文書に付いている他の問題を解いた後で解くことをお勧めします。まず、キーワード検索で解く問題や目的を問う問題を先にやります。そうすると、文章全体の構成がつかめるので、選択肢ひとつひとつを本文と照らし合わせる際、「これに関することは、あの辺に書かれていたな」というようにあたりを付けて情報を探すことが出来ます。それにより検索の速度と精度が上がります。

▶サンプル問題

Question 163 refers to the following article.

Spanish retail tycoon on shopping binge

Miguel Agata, the Spanish billionaire behind the clothing chain Presto, is a man that means business. Earlier this week, he announced plans to launch Presto in more than forty locations across the US and Canada. He also told reporters that he intends to massively expand operations in Asia. "My goal is to see Presto become the world's largest clothing retailer," he said on Monday. Presto first opened its doors in 2002 in Madrid, and after only half a decade, Agata has shown us how one shop can quickly become a worldwide chain.

③、⑤、⑦、⑨

---

163. What is suggested about Miguel Agata in the article? ← ①

(A) He currently lives in Madrid. ← ②

(B) He is the founder of Presto. ← ④

(C) He owns the largest retail chain. ← ⑥

(D) He was born in the US. ← ⑧

◎ 訳はp. 89にあります。

時間のかかる選択肢問題は他の問題の後で解く

①質問を読む

本文を読む前に質問を読むのが基本です。What is suggested about Miguel Agata in the article?「記事の中でミゲル・アガタについて何が示唆されますか？」という質問なので、本文の内容に一致する選択肢を選びます。

②選択肢(A)を見る

まずは選択肢(A)から検証しましょう。

③本文を検索する

　本文中に(A) He currently lives in Madrid.「彼は現在、マドリッドに住んでいる」と一致する部分があるかどうか調べます。Madridという地名は8行目に出てきていますが、これは衣料品チェーンを始めた場所です。彼が今、そこに住んでいるということは書かれていません。

④選択肢(B)を見る

　次は(B)に移ります。

⑤本文を検索する

　(B) He is the founder of Presto.「プレストの創業者である」に対応する記述があるかどうか本文を再度、チェックします。1行目にMiguel Agata, the Spanish billionaire behind the clothing chain Prestoとあります。behind the clothing chain Prestoというのは彼がこのチェーンの背後にいる、すなわちこのチェーンを起こしたことを意味します。それは彼が創業者であることを意味します。よって、これが正解です。

⑥～⑨念のため、選択肢(C)と(D)をチェックする

　(B)が答えであることが分かったので、そこで終わりにしても良いのですが、念のため(C)と(D)もチェックします（本番で時間に余裕がない場合はこの確認作業は省いてください）。(C) He owns the largest retail chain.に関してですが、6～7行目でthe world's largest clothing retailerというフレーズは使われています。しかし、それは彼の将来の目標であり、現時点ではまだlargestではないので、(C)は本文の内容と一致しません。(D) He was born in the US.に関してですが、「アメリカに進出する計画がある」ということは述べられていますが、彼がそこで生まれたという記述はありません。このように間違いの選択肢中に本文で使われている語句を挿入して受験者を惑わすというトリックもよく使われます。引っかからないように気をつけてください。

練習問題

Question 1 refers to the following newspaper article.

Seven out of twelve local supermarkets are facing the threat of closure in Toronto's downtown area according to a recent study conducted by the Toronto Metropolitan Government's Economic Development Office.

The study was conducted to determine the effects of industry consolidation and the rise in meat, dairy, and vegetable prices over the last half decade.

The report, cited in Saturday's edition of the Globe and Nation newspaper, points to the strong possibility that over fifty independently owned supermarkets in greater Toronto may have to shut down in the next five years, mainly due to the emergence of larger supermarket franchises that are able to reduce costs and thus reduce shelf prices.

Describing the changes that we may see over the next few years, Adam Schwartz, who lead the study and was interviewed by the Globe and Nation last week, said, "With the increases in the costs of buying food off the farm, the little guys can't compete with the big guys." He went on to say, "This is a trend that we are probably going to see in all industries and from the retail level to the wholesale level. Who knows? Maybe one day one company will own it all."

1. What is mentioned in the article?
   (A) The study was carried out by an independent research firm.
   (B) More than half of the supermarkets in Toronto have been closed down over the last five years.
   (C) Adam Schwartz works for the Globe and Nation newspaper.
   (D) Prices of food have been rising.

解答とスピードアップ・テクニック

1. 【正解】(D)

    記事で何が述べられていますか？
    - (A) 調査は独立系調査会社によって行われた。
    - (B) トロントの半数以上のスーパーが過去5年間にわたり閉店している。
    - (C) アダム・シュワルツはグローブ・アンド・ネイション新聞に勤務している。
    - (D) 食品価格が上昇している。

「記事で何が述べられているか」が問われています。選択肢をひとつひとつ本文に照らし合わせて、述べられている内容と一致しているかチェックします。まずは、(A)から始めます。選択肢(A)のThe study was carried outと第1段落2行目のa recent study conducted byが対応しています。しかし、その後ろにby the Toronto Metropolitan Government's Economic Development Officeとあるので、調査を行ったのはトロント市経済発展局であることが分かります。これは地方自治体の一部門なので、an independent research firm「独立系調査会社」ではありません。(B)に移ります。選択肢(B)のover the last five yearsには第2段落2行目のover the last half decadeが対応しています（decadeは「10年」という意味でその半分は5年）。しかし、More than half of the supermarkets in Toronto have been closed down「トロントの半数以上のスーパーは店を閉めた」という記述はありません。第3段落2〜4行目はこれから先の5年の見通しを述べています。選択肢(C)を見ると、Adam Schwartzという人名が出ています。これを手がかりに本文を検索します。すると第4段落1行目に見つかります。その後ろを見ると彼は調査の指揮を執り、the Globe and Nation newspaperのインタビューを受けたことが分かります。よって、彼はその新聞社の従業員ではありません。残りは(D)のみになりました。第2段落2〜3行目にthe rise in meat, dairy, and vegetable prices over the last half decade.「過去5年間に渡る肉類、乳製品、野菜の価格上昇の影響」という記述があります。ここ

から食品の価格が上昇していることが分かります。よって、(D) Prices of food have been rising.が正解です。

○mention: 言及する　carry out: 実施する

練習問題・訳

1番は次の新聞記事に関するものです。

　トロント市経済発展局により行われた最近の調査によると、トロントの繁華街にある地元スーパー12店舗の内、7店舗が閉店の危機に直面している。

　調査は、過去5年間における企業整理と肉類、乳製品、野菜などの価格上昇の影響を調べるために行われた。

　グローブ・アンド・ネイション新聞の土曜版に掲載された報告書は、大トロントにある50以上の独立系スーパーが向こう5年の間に閉店せざるを得ない可能性が高いことを示している。これは主に、コストダウンを図り商品の価格を下げることができる、大手スーパーのチェーン店の出現によるものである。

　調査を指揮したアダム・シュワルツ氏は、先週、グローブ・アンド・ネイション紙のインタビューに答え、今後数年間の間に起こることとして、「農家からの仕入れ価格の上昇に伴い、小規模店は大手と競合することは出来なくなるでしょう」と述べた。彼は続けて、「この傾向は小売りから卸売りのレベルで全ての産業において起こるでしょう。ひょっとすると、今にひとつの会社が全てを所有することになるかもしれません」と述べた。

○article: 記事　local: 地元の　face: 直面する　threat: 脅威、恐れ　closure: 閉店　study: 調査　conduct: 実施する　determine: 測定する　effect: 影響　consolidation: 整理統合　dairy (products): 乳製品　cite: 引用する、言及する　point to: 〜を指摘する　possibility: 可能性　independently: 独立して　own: 所有する　due to: 〜のために　emergence: 出現　franchise: フランチャイズ、チェーン店　reduce: 減じる、値下げする　describe: 状況を述べる　increase: 増加　go on to: 続けて〜する　trend: 傾向、動向　retail: 小売りの　wholesale: 卸売りの

練習問題

Questions 2-3 refer to the following fax.

FAX

TO: Jake Higgins, HIGGINS FURNITURE
TO FAX NO.: (04) 865-9034
FROM: Clayton Jessup, Green Dragon Imports
DATE: 18 January, 2008
NO. PAGES (including header): 2

ORDER

I would like to place an order as detailed below and pay by American Express Card. Please debit the charges to my American Express Card. Account details are as follows:

Card Number:	874 974 865 752
Holder:	Clayton Jessup
Organization:	American Express
Expiry Date (month/year):	02/12

Signature: *Clayton Jessup*

CREDIT CARD ORDER				
(Credit card details are included above.)				
Delivery address for goods and transaction slip: Green Dragon Imports: 948 Maxell Street, Wellington Main, Wellington 7569	**Preferred Delivery Service:** (if applicable) I usually use Handy Trucks Moving & Delivery. (Address and number of company on the following page.)			
Description: Product Name: Barcelona Style Opus Colour: Rock Maple Size: 2X	**Unit:** 342-B	**Quantity:** 4	**Price: (NZ$)** $325.00 (X4) Tax: $76.46	
		TOTAL: 1376.46		

Signature *Clayton Jessup*   Date: 18/01/2008

2. What can be understood from this fax?
   (A) Clayton Jessup would like the furniture as soon as possible.
   (B) There is more than one page included in this fax.
   (C) Clayton Jessup's credit card has expired.
   (D) Clayton Jessup would like to cancel his order.

3. What does this fax suggest?
   (A) The product is no longer available.
   (B) Clayton Jessup's credit card details will be sent to Higgins Furniture at a later time.
   (C) Mr. Jessup would like to file a complaint about his order.
   (D) Mr. Jessup would like the furniture delivered by Handy Trucks Moving & Delivery.

解答とスピードアップ・テクニック

2. 【正解】(B)

　このファックスから何が分かりますか？
- (A) クレイトン・ジェサップは出来るだけ早く家具がほしい。
- (B) このファックスは2ページ以上ある。
- (C) クレイトン・ジェサップのクレジットカードは有効期限が切れている。
- (D) クレイトン・ジェサップは注文をキャンセルしたい。

このファックスから分かること(can be understood)が問われています。本文の内容に合う選択肢を選ぶ問題です。それぞれの選択肢を本文に照らし合わせます。選択肢(A)の「出来るだけ早く家具が欲しい」という情報はファックス中にありません。選択肢(B)はページ数に関するものです。ページ数はNO. PAGES (including header): 2から、2ページであることが分かります。よって、There is more than one page included in this fax.「2ページ以上ある」と述べている(B)が正解です。また、表中のPreferred Delivery Service の欄に記された、Address and number of company on the following page「会社の住所と電話番号は次ページ」からもこのファックスが2ページ以上であることが分かります。このような細かい情報が答えに結びつくこともよくありますので、注意してください。(C)はクレジットカードの有効期限に関するものですが、この人のクレジットカードは2012年2月まで有効です。このファックスが送られたのは2008年1月18日なので有効期限内です。(D)はキャンセルに関するものです。キャンセルをしたいとは述べられていません。

⊃expire: 期限が切れる

3. 【正解】(D)

　このファックスは何を示していますか？
- (A) その商品はもう取り扱われていない。
- (B) クレイトン・ジェサップのクレジットカードの詳細は後ほどヒギ

4

時間のかかる選択肢問題は他の問題の後で解く

ンズ家具店に送られる。
(C) ジェサップさんは彼の注文について告訴したい。
(D) ジェサップさんはハンディ・トラックス・ムービング＆デリバリーによる家具の配送を希望している。

動詞のsuggestには「提案する」という意味の他に「示唆する、ほのめかす」という意味もあります。この問題では後者の意味で使われています。各選択肢を検証していきます。(A)、(B)、(C)に対応する情報はこのファックス中に見つかりません。(D)は配送方法に関するものです。表中のPreferred Delivery Service「好ましい配送サービス」の欄にI usually use Handy Trucks Moving & Deliveryと書かれていることから、このファックスの送り手はHandy Trucks Moving & Delivery運送会社による配送を希望していることが分かります。よって、(D)が正解となります。

○no longer: すでに～ではない　available: 入手できる　file a complaint: 正式に訴える

練習問題・訳

2−3番は次のファックスに関するものです。

FAX
宛先：ジェイク・ヒギンズ、ヒギンズ家具店
ファックス番号： (04) 865-9034
送信者：クレイトン・ジェサップ、グリーン・ドラゴン・インポーツ
日　付：2008年1月18日
ページ数（ヘッダーを含む）：2

注文書
下記のとおり注文致します。支払はアメリカン・エキスプレスカードで行います。料金はアメリカン・エキスプレスカードで引き落としてください。カードの詳細は以下の通りです：
クレジットカード番号： 874 974 865 752
名義人：　　　　　　　クレイトン・ジェサップ
カード会社：　　　　　アメリカン・エキスプレス
有効期限（月／年）：　2012年2月
署名：**クレイトン・ジェサップ**

クレジットカード注文			
（クレジットカードの詳細は上記）			
商品と配送伝票の届け先: グリーン・ドラゴン・インポーツ: 948 マックスウェル・ストリート、ウェリントンメイン, ウェリントン 7569		**希望配送サービス：**（該当する場合） 私は通常、ハンディ・トラックス・ムービング＆デリバリーを利用しています。 （会社の住所と電話番号は次ページ）	
品目： 商品名:バルセロナスタイルオウパス 色:ロック・メイプル サイズ:2X	ユニット: 342-B	数: 4	価格: (NZドル) $325.00 (X4個) 税: $76.46
		合計: 1376.46	
署名　**クレイトン・ジェサップ**		日付: 2008年1月18日	

○include: 含む　order: 注文（書）　place:（注文などを）出す　detail: 詳述する　debit: 借方に記入する　charge: 料金　holder: 所有者　organization: 組織　expiry: 終了、満期　signature: 署名　delivery: 配達　transaction: 処理、業務　slip: 伝票　prefer: 〜の方を好む　applicable: 適用できる　description: 種類、品目

練 習 問 題

Questions 4-5 refer to the following newspaper article.

New York—With few government restrictions on foreign investment and an enormous potential for growth, Ireland remains one of Europe's top choices for real estate investment. The real estate investment market has risen in the last six years to an annual average return of around 10 percent and continues to attract investors from all over the world.

According to a report compiled by global consultancy firm Wentworth & Greene, the amount of foreign investment flooding into Ireland would have been inconceivable two decades earlier when the shadow of civil strife was still being cast over the nation's investment potential. And with over $24 billion invested in just the past two years, Ireland has yet to see signs that this trend will disappear any time soon.

Wentworth & Greene's report indicated that the majority of foreign investment had targeted the Dublin area, though a considerable 16 percent of the total investment into Ireland was directed outside the capital. It also pointed out that while the commercial sector leads the way, foreign investors are showing a great deal of interest in the residential sector as well, demonstrating to the world that opportunities are varied and confidence is high in this mighty north European nation.

4. What does this article indicate?
   (A) Foreign investors have shown a greater interest in rural real estate in Ireland over urban areas.
   (B) Wentworth & Greene's report has yet to be completed.
   (C) The foreign investment trend in Ireland will not likely diminish soon.
   (D) The Irish government has many restrictions obstructing foreign investment in Ireland.

5. What does this article imply?
   (A) Ireland's real estate investment market has shrunk over the last six years.
   (B) Real estate in the commercial sector of Ireland is doing better than in the residential sector.
   (C) Foreign investment in Ireland will eventually slow down in the years to come.
   (D) Nearly half of the foreign investment into Ireland's real estate sector has targeted areas outside of Dublin.

解答とスピードアップ・テクニック

4. 【正解】(C)

この記事は何を示していますか？
- (A) 海外投資家はアイルランドの都市部よりも地方の不動産に大きな興味を示している。
- (B) ウェントワース・アンド・グリーンの報告書はまだ完成していない。
- (C) アイルランドにおける海外からの投資ブームは衰えそうにない。
- (D) アイルランド政府は国内の海外投資の障害となる多くの規制をしている。

indicateは「示す」という意味です。本文中で示されている内容と一致する選択肢を選びます。選択肢を順番に本文と照らし合わせてチェックします。第3段落1～3行目に the majority of foreign investment had targeted the Dublin area, though a considerable 16 percent of the total investment into Ireland was directed outside the capital「海外からの投資の大部分はダブリン近郊地域を対象としているが、首都以外への投資もアイルランドに入る投資総額の16パーセントというかなりの割合に達している」から、地方よりも都市部への投資額が多いことが分かります。これは(A)と反対です。第2段落1行目に According to a report compiled by global consultancy firm…「国際的なコンサルタント会社によってまとめられた報告書によると」ということから、この報告書は完成していることが分かります。よって、(B)は正しくありません。第2段落5～6行目に Ireland has yet to see signs that this trend will disappear any time soon「アイルランドにおいて近い将来この傾向が消えるという兆候はまだ見えていない」とあります。これは現在の投資ブームがまだ続くことを意味します。(C)の内容と一致します。diminishは「衰える」という意味で、本文のdisappear「消える、なくなる」に対応しています。(D)は、第1段落1行目の With few government restrictions on foreign investment「海外からの投資に対する政府の規制がほ

とんどなく」と矛盾します。

○rural: 田舎の、地方の　urban: 都会の、都市の　complete: 完成する　diminish: 弱くなる
obstruct: 妨害する

5. 【正解】(B)
この記事は何をほのめかしていますか。
 (A) アイルランドの不動産投資市場は過去6年で縮小した。
 (B) アイルランドの商業部門の不動産は住宅部門よりも好調である。
 (C) アイルランドへ入る海外からの投資は、何年かしたら衰える。
 (D) アイルランドの不動産への海外からの投資の半数近くがダブリンの外を対象としている。

implyは「暗示する、ほのめかす」という意味です。前の問題のindicateに近い意味を持ちますが、直接的にではなく、より遠まわしに伝えられている内容が問われています。(A)のshrunkはshrink「縮む、縮小する」の過去分詞です。不動産投資が縮小されたという記述はありません。(B)はcommercial sector「商業部門」とresidential sector「住宅部門」を比べています。本文の第3段落に対応する部分があります。4行目のthe commercial sector leads the way「商業部門が先を行く」から、商業部門の方が住宅部門よりも業績が良いことが分かります。これは(B)と一致します。アイルランドへの投資が衰えるという記述はないので(C)は正しくありません。ダブリンから離れた地域への投資は16%なので、Nearly half「半数近く」と言っている(D)は正しくありません。

○eventually: いつかは、そのうち

練習問題・訳

4－5番は次の新聞記事に関するものです。

ニューヨーク―海外からの投資に対する政府の規制がほとんどないことに加え、多大な成長の可能性を持つアイルランドは、ヨーロッパにおける不動産投資先として上位に入る人気を博している。不動産投資市場は、過去6年間で年平均およそ10％の収益を上げるまでに成長し、世界中から投資家を引き付け続けている。

国際的なコンサルタント会社ウェントワース・アンド・グリーンによってまとめられた報告書によると、アイルランドに大量に流れてきている海外からの投資額は、同国の投資収益力に紛争がまだ影を落としていた20年前には、想像できなかった額である。そして、このほんの2年間で240億ドル以上が投資され、アイルランドにおいて近い将来この傾向が消えるという兆候はまだ見えていない。

ウェントワース・アンド・グリーンの報告書は、海外からの投資の大部分はダブリン近郊地域を対象としているが、首都以外への投資もアイルランドに入る投資総額の16パーセントというかなりの割合に達していることを示した。報告書はまた、商業部門が先を行っている一方で、海外投資家は住宅部門にも多大な関心を寄せていることを指摘しており、この力ある北部ヨーロッパの国は、投資チャンスが多様で信頼性が高いことを世界に誇示している。

○restriction: 制限、規制　investment: 投資　enormous: 巨大な、かなりの　potential: 可能性、潜在力　growth: 成長　choice: 選択肢　real estate: 不動産　annual: 年間の　return: 利益、利潤　continue to: 引き続き～する　attract: 引き付ける　according to: ～によれば　compile: 編集する、まとめる　consultancy: コンサルタント業　amount: 量、総額　flood: 殺到する　inconceivable: 想像も及ばない、信じられない　strife: 争い、紛争　cast: (影などを)投げ掛ける　sign: 徴候、前兆　trend: 傾向、趨勢　disappear: 消滅する　indicate: 指し示す、指摘する　majority: 大多数　target: 対象とする　considerable: かなりの、相当な　capital: 首都　point out: 指摘する　commercial: 商業の　sector: 分野、部門　residential: 住宅(向き)の　demonstrate: 表す、例示する　opprtunity: 機会　varied: さまざまの、多彩な　confidence: 信頼、信用　mighty: 強力な、力強い　nation: 国家

サンプル問題・訳

163番は次の記事に関するものです。

スペイン小売王の猛進

衣料品店チェーンのプレストを経営するスペインの億万長者、ミゲル・アガタは本気だ。今週初め、彼はアメリカ合衆国とカナダに40店舗以上プレストをオープンする計画を発表した。また、アジアにおいても事業を大幅に拡張するつもりであると記者に述べた。「私の目標はプレストを世界最大の衣料品店にすることだ」と彼は月曜日に話した。プレストは2002年に初めてマドリッドでオープンし、その後たった5年で、アガタはひとつの小売店がいかに早く世界的チェーン店にまでなることができるかを示した。

○

163. 記事の中でミゲル・アガタについて何が示唆されますか？
 (A) 現在マドリッドに住んでいる。
 (B) プレストの創業者である。
 (C) 最大の小売店チェーンを所有している。
 (D) アメリカ出身である。

○article: 記事　retail: 小売　tycoon: 大立者　binge: 過度に浸ること　billionaire: 億万長者　mean business: 本気である　announce: 発表する　launch: 始める　location: 場所　massively: はなはだしく　expand: 拡張させる　operation: 事業　retailer: 小売商　open its doors: 営業を始める　decade: 10年間　worldwide: 世界中に及ぶ　suggest: 示唆する　currently: 現在のところ　founder: 創業者

5

NOTの問題は消去法で解く

What is NOT mentioned?、What is NOT true?、What is NOT listed?、What is NOT a requirement for…? などのNOTが入った問題が毎回4〜9問、出題されます。受験者が見落とさないようにNOTは、大文字で目立つように表記されます。このタイプの問題は、本文の内容に相反する選択肢が正解となります。問題を解く際、4.の「時間のかかる選択肢問題」で取り上げた問題と同様に、選択肢ひとつひとつを本文に照らし合わせる必要があります。よって、解くのに時間がかかります。それぞれの選択肢に対して、内容の一致する記述が本文中にあるかどうかチェックしていきます。**選択肢の内容と一致する部分が本文に見つかったら、その選択肢は正解になりえません。**正解の候補からはずします。そして、本文に書かれていない選択肢を選びます。4.の「時間のかかる選択肢問題」で取り上げた問題は本文の内容と一致する選択肢を選ぶのに対して、NOTの問題は本文の内容と食い違う選択肢が正解になります。

選択肢は(A)から順番に本文と照らし合わせます。もし(A)に対応する情報が本文中に見つからなかったとします。「(A)は本文と合わないので、これが答えだ」と考えて、その場で(A)を選ぶのもひとつの方法です。しかし、本当は(A)に対応した情報が本文中に記載されているのに、それを見落としている可能性もあります。念のため、(B)〜(D)の情報が本文に記載されているかどうか確認するのが理想です。もし時間がない場合は、この確認作業は省略してください。

参考：実際のTOEICでNOTが入った問題において、正解が(A)であることは稀です。(B)〜(D)のどれかが答えとなる場合がほとんどです。

🎵 サンプル問題

Question 164 refers to the following advertisement.

Office Administration Position Offered

Arrowhead Construction is looking for two motivated individuals who are proficient in accounting and can work nights at its Markham office. The successful candidate must have at least two years of experience in business accounting, have good telephone manners, and be able to work unsupervised. He or she must also be familiar with computers. Send resume to: arrowheadhiring@wire.net.

③、
⑤、
⑦、
⑨

---

164. What is NOT mentioned as a requirement for the position? ← ①
  (A) Available for night shifts ← ②
  (B) Experience with computers ← ④
  (C) Proficiency in accounting ← ⑥
  (D) Knowledge of construction ← ⑧

　▶訳はp. 110にあります。

①質問を読む

　まずは質問を理解することが大切です。What is NOT mentioned as a requirement for the position?「この職の必要条件として挙げられていないのは何ですか？」という質問なので、選択肢を本文に照らし合わせて必要条件として挙げられているかどうか調べます（挙げられていないものが答えになります）。

②選択肢(A)を見る

　まずは (A) Available for night shifts から始めます。

③本文を検索する

　night shifts をキーワードに本文を検索すると2〜3行目に can work nights とあるのが見つかります。ここから夜間働ける人を探していること

が分かります。よって、(A) Available for night shifts は必要条件のひとつであると言えます。

④ **選択肢(B)を見る**

次に(B) Experience with computersに移ります。

⑤ **本文を検索する**

キーワードはcomputersです。コンピュータに関する記述は6～7行目にあります。He or she must also be familiar with computers.とあるので、コンピュータのスキルも必要条件のひとつであることが分かります。

⑥ **選択肢(C)を見る**

次に(C) Proficiency in accountingをチェックします。

⑦ **本文を検索する**

proficient in accountingというほとんどそのままのフレーズが2行目にあります。looking for two motivated individuals who are proficient in accountingということから、これも必要条件です。

⑧ **選択肢(D)を見る**

最後に残ったのは(D) Knowledge of constructionです。

⑨ **本文を検索する**

(D) Knowledge of constructionが必要条件として挙げられているかチェックします。この会社の社名Arrowhead Constructionにconstruction「建築」という語は使われていますが、ここで募集している職は経理関係で、建築の知識が必要であるということは述べられていません。よって、これが答えになります。

練習問題

Questions 1-2 refer to the following information.

The Tullamore Business Club aims to motivate and inspire businesses by introducing ideas and solutions from successful people in various areas of the world business arena. The club welcomes all to attend our lectures and workshops.

Featured Events for the month of May include:

14/05/08
Organize Yourself!
Take hold of your time and defeat wasted minutes through careful organization of your work. This workshop's focus is on time management and helps you find the skills, tools and tips for taking control of your time at the office.

20/05/08
Supervisory Skills Workshop
Learn the 'how-to's' that you need to be an exceptional supervisor. Learn about building morale, creating a productive staff and handling workplace conflicts by attending our seminar for new and experienced supervisors.

22/05/08
Safety First
This workshop will offer valuable, cost-effective solutions that will help keep your staff safe. Come and learn about new requirements in the national safety code and how best to implement them.

For more information and for seat reservation, please contact our office at: (021)486-0865

1. What kind of workshop has NOT been scheduled by the Tullamore Business Club for the month of May?
   (A) A workshop on safety standards
   (B) A workshop on guest services
   (C) A workshop for supervisors
   (D) A workshop on time-management

2. What topic will NOT be addressed in the workshops?
   (A) How to implement new changes in the safety code
   (B) How to increase productivity among staff
   (C) How to train new sales assistants
   (D) How to organize work carefully

解答とスピードアップ・テクニック

1.【正解】(B)

5月にタラモア・ビジネス・クラブで予定されていないワークショップはどれですか？

　　(A) 安全基準に関するワークショップ
　　(B) 接客に関するワークショップ
　　(C) 管理者のワークショップ
　　(D) 時間管理のワークショップ

5月に予定されていないワークショップを選ぶ問題です。本文に記載されている3つのワークショップは全て5月に予定されているものであることがFeatured Events for the month of May include: から分かります。よって、そこに挙げられていないものが正解になります。(A) A workshop on safety standardsは3つ目のSafety Firstが対応しています。(B) A workshop on guest servicesに対応するワークショップはありません。(C) A workshop for supervisorsは2つ目のSupervisory Skills Workshopが、(D) A workshop on time-managementは1つ目のOrganize yourself! が対応しています。よって、正解は(B)です。

　○schedule: 予定する

2.【正解】(C)

ワークショップで扱われていないトピックはどれですか？

　　(A) 安全規定の新しい変更の実行方法
　　(B) スタッフの生産性向上の方法
　　(C) 新人販売員の指導方法
　　(D) きちんと仕事を整理する方法

ワークショップのトピックとして取り上げられないものを選びます。(A)は3つ目のワークショップの内容と一致します（Come and learn about new requirements in the national safety code and how best to implement them.)。(B)は2つ目のワークショップの概要に一致します (Learn about building morale, creating a productive staff)。(C)に該当するワークショップはありません。(D)は1つ目のワークショップが対応しています。よって正解は(C)です。

○address: 取り組む　productivity: 生産性　train: 訓練する

練習問題・訳

1－2番は次の情報に関するものです。

タラモア・ビジネス・クラブは、国際ビジネスの様々な分野で成功した人々のアイデアと問題解決手法を紹介して、企業に刺激と活気を与えることを目的としています。当クラブは講義とワークショップに出席される全ての方を歓迎いたします。

5月に行われるイベント例：

2008年5月14日
自分を管理しよう！
仕事をしっかり整理することで、自分の時間を把握し無駄な時間をなくしましょう。このワークショップの焦点は時間管理であり、職場であなたの時間を管理する技術やツール、ヒントをあなたが発見するお手伝いをします。

2008年5月20日
管理技術ワークショップ
あなたが優秀な管理者になるために必要な方法を学んで下さい。新任とベテランの管理者向けの当社セミナーにご参加いただき、士気を高める方法、生産的なスタッフの育成法や職場内対立の解決策などを学んで下さい。

2008年5月22日
安全第一
このワークショップは、従業員の安全を維持するのに役立つ有益な費用効果の高い問題解決法方をご提供します。国の安全規定における新しい要件と、それらを導入する際の最善の方法を学べます。

詳しい情報とご予約は当社事務所（電話021-486-0865）へお問い合わせください。

○aim to: ～することを意図する　motivate: 動機を与える　inspire: 奮起させる　solution: 解決法　successful: 成功した　arena: …界　attend: 出席する　featured: 呼び物の、特色になる　organize: 組織する、編成する　take hold of: ～を把握する　defeat: 撃破する　wasted: 浪費された　organization: 組織化、整理　focus: 焦点　skill: 技量、手腕　tool: 道具　tip: 秘訣、情報　take control of: ～を管理する　supervisory: 監督上の、管理の　exceptional: 非凡な、優秀な　supervisor: 管理者　morale: 士気　productive: 生産的な　handle: 取り扱う　workplace: 仕事場　conflict: 衝突、対立　experienced: 経験に富む　valuable: 有益な　cost-effective: 費用効果の高い　requirement: 必要条件　code: 規定　implement: 履行する　reservation: 予約

練 習 問 題

Questions 3-4 refer to the following letter.

Mr. Rolando Henderson
Montreal Investments, Inc.
18 7th Street, Saint Catherine West
Montreal, H2G 1L5

Dear Mr. Henderson,

My outgoing personality, my significant sales experience, and my recently completed education in marketing at the University of Toronto make me a strong candidate for a position as an insurance broker for Montreal Investments, Inc.

Despite being a recent graduate, I feel that I have the knowledge and ambition to begin my career in insurance. Adding strength to my education are the work experiences that helped put myself through university. In Toronto, I have worked in such jobs as writing for newspapers, working in the tourist industry in both sales and guest services, and as a mathematics tutor for high school students, all of which have valuably enhanced my sense of professionalism and furthered my range of skills.

I have the maturity and abilities to commence my career in insurance brokering, and I'd like to do this with Montreal Investments, an organization that I see as leading the way in financial protection.

I am currently residing in Toronto, and I would very much like to discuss with you the possibility of employment at

Montreal Investments. I am eager to meet with you sometime this month at your convenience. I will follow up this letter with a phone call to see if a time to meet with you can be arranged by phone.

Thank you for your time and consideration.

Sincerely,

Stanley Medford

Stanley Medford

3. What does Mr. Medford NOT say is one of his qualities?
   (A) He has an awareness of professionalism.
   (B) He is knowledgeable and ambitious.
   (C) He is outgoing and has sales experience.
   (D) He has leadership skills and a sense of diplomacy.

4. What has Mr. Medford NOT experienced according to this letter?
   (A) Working in guest services
   (B) Experience working as an insurance broker
   (C) A university education in marketing
   (D) Living and working in Toronto

解答とスピードアップ・テクニック

3.【正解】(D)

メドフォードさんが彼の素養のひとつとして挙げていないものはどれですか？

 (A) 職業意識がある。
 (B) 知識と意欲がある。
 (C) 社交的で販売経験がある。
 (D) リーダーシップの能力と社交的センスがある。

手紙中で筆者が自分の素養として挙げていないものを選びます。(A)は第2段落8〜9行目で述べられています（all of which have valuably enhanced my sense of professionalism）。(B)は第2段落1〜2行目に対応する箇所があります（I have the knowledge and ambition）。(C)は第1段落1行目に書かれています（My outgoing personality, my significant sales experience）。(D)は本文中に該当する記述がありません。

○quality: 質、特質　awareness: 意識、理解　knowledgeable: 知識のある　ambitious: 野心的な　diplomacy: 外交手腕

4.【正解】(B)

この手紙によると、メドフォードさんが経験していないことは何ですか？

 (A) 顧客サービス
 (B) 保険ブローカーとしての実務経験
 (C) マーケティングに関する大学教育
 (D) トロントでの居住と仕事

手紙の筆者が自分の経験として述べていないものを選びます。(A)は第2段落6〜7行目のworking in the tourist industry in both sales and guest servicesが対応しています。(B)は対応箇所がありません。(C)は第1段落2〜3行目のmy recently completed education in marketing at the University of Torontoが該当します。(D)の内容は、第2段落4〜5行目（In Toronto, I have worked in such jobs as writing for newspapers）と第4段落1行目（I am currently residing in Toronto）に見つかります。

○ according to: 〜によると

練習問題・訳

3－4番は次の手紙に関するものです。

ローランド・ヘンダーソン様
モントリオール・インベストメント社
18 7番街 セント・キャサリン・ウエスト
モントリオール、H2G 1L5

ヘンダーソン様

私の社交的な性格と広い販売経験、そして最近修了しましたトロント大学でのマーケティングの教育により、私はモントリオール・インベストメント社の保険ブローカー職にとてもふさわしい候補者であります。

最近卒業したばかりではありますが、私は保険の分野で仕事を始める知識と意欲があると確信しております。学歴に加え役立つのは、大学の学費を得るために働いた職務経験です。トロントで、私は新聞の原稿書き、旅行業界での販売と接客、高校生相手に数学の家庭教師などの仕事をしました。それら全てが私の職業意識を強め、私の持っているスキルの幅を広げることができました。

私には保険ブローカー業務で自分のキャリアを始めるための人間としての成熟と能力があります。そして、財務保障（ファイナンシャル・プロテクション）において業界をリードするモントリオール・インベストメント社で自分のキャリアを始めたいと存じております。

私は現在トロントに住んでおり、モントリオール・インベストメント社での雇用の可能性についてお話をさせていただきたいことを希望いたします。ご都合がよろしければ、今月中にお会いできればと思います。このお手紙の後、面会につきまして電話でお約束いただけるかどうか、追ってお電話を差し上げます。

どうぞよろしくお願いいたします。

敬具

スタンリー・メドフォード

スタンリー・メドフォード

○ outgoing: 社交的な、開放的な significant: 意味のある、著しい recently: 最近 complete: 完了する candidate: 候補者、志願者 position: 地位、勤め口、職 insurance: 保険 broker: ブローカー、仲介人 despite: ～にもかかわらず graduate: 学士、卒業生 ambition: 野心、抱負 add: 加える strength: 力、強さ、長所 industry: (産)業界 mathematics: 数学 tutor: 家庭教師 valuably: 有益に enhance: (価値を)高める professionalism: プロ意識 further: 推進する、助長する range: 領域、幅 skill: 技能、技量 maturity: 成熟 ability: 能力、才能 commence: 開始する organization: 組織 financial protection: 生保、損保、年金などを総合し、顧客を経済的リスクから守るサービス currently: 現在のところ reside: 居住する possibility: 可能性 employment: 雇用 eager: 熱望して at your convenience: ご都合のよろしいときに arrange: 打ち合わせる、取り決める consideration: 考慮、配慮

練習問題

Questions 5-6 refer to the following invitation.

You are invited!

Summit Construction Inc. and architects Stuart Anderson and Michelle Danforth are proud to announce the grand reopening of the Murray Building.

On our June 1 information fair, you are invited to come and visit the revitalized Murray Building and see the improved facilities that it will soon offer downtown Huntsville. During this open house we are excited to introduce the Murray Building's new south wing, which will feature the Glenville Art Gallery and a new conference hall, along with the many other exciting services that the enhanced state-of-the-art Murray Building will boast.

The ribbon cutting will be held at noon on June 1. This ceremony will take place at the East Bellevue entrance of the building near the 43rd Street subway entrance. Afterwards, visitors will be treated to champagne and are invited to join a walking tour of the building and/or learn more about the Murray Building at the information fair on the second floor in the Main Hall.

We hope to see you there!

5. What is NOT stated in the invitation?
   (A) The north wing will house the Glenville Art Gallery.
   (B) Champagne will be served after the ribbon cutting.
   (C) The information fair will be held in the Main Hall.
   (D) There will be a tour of the building.

6. What is NOT true?
   (A) The Murray Building is located in Huntsville.
   (B) The ribbon cutting ceremony will take place at 11 o'clock.
   (C) The East Bellevue entrance is near the subway entrance.
   (D) The Murray Building has undergone renovations.

解答とスピードアップ・テクニック

5.【正解】(A)

招待状に書かれていないものは何ですか？
- (A) 北ウィングにグレンビル・アートギャラリーがある。
- (B) テープカットの後でシャンペンが出される。
- (C) 情報フェアはメインホールで開催される。
- (D) 館内見学ツアーがある。

この問題は本文中に書かれていないものを選ぶという点では、これまで見てきた問題と同じですが、確認作業の必要がありません。ここでは (A)の内容が本文に書かれていません。これまでの問題だと「本当は書かれていのに見落としたかもしれない」という不安があるので、たとえ(A)に対応する記述が本文にない場合でも、他の選択肢を検証しました。しかしこの問題では、(A) The north wing will house the Glenville Art Gallery. に対応した情報を本文中に探すと、第2段落4～5行目に、new south wing, which will feature the Glenville Art Gallery と書かれているのが見つかります。ここから the Glenville Art Gallery は south wing に入ることが分かります。よって、north wing と書かれている(A)は本文の内容と矛盾します。このように選択の内容と相反する記述が本文中に見つかった場合、それが確実に答えとなるので、他の選択肢を検証する必要はありません。

○state: 述べる　house: 収容する、場所を与える　serve: 振る舞う

6.【正解】(B)

事実ではないものはどれですか？
- (A) マレービルはハンツビルにある。
- (B) テープカットのセレモニーは11時に行われる。
- (C) イースト・ベルビュー入り口は地下鉄の入口付近にある。
- (D) マレービルは改築された。

この問題も(A)から順番に本文と照らし合わせます。(A)は第2段落1～3行目のvisit the revitalized Murray Building and see the improved facilities that it will soon offer downtown Huntsvilleが対応しています。(B)は第3段落1行目のThe ribbon cutting will be held at noonと矛盾します。テープカットは11時ではなく、12時です。よって、(B)が正解です。

○be located: 位置する　undergo:（変化を）受ける　renovation: 修繕、改築

練習問題・訳

5−6番は次の招待状に関するものです。

> ご招待！
>
> サミット建設会社と建築士のスチュアート・アンダーソンとミシェール・ダンフォースがマレービルの再オープンを発表いたします。
>
> 6月1日の情報フェアにご招待いたします。活気溢れるマレービルにお越しになり、まもなくハンツビルの繁華街で稼動し始める改良された施設をご覧ください。このオープンハウスの期間、グレンビル・アートギャラリーと新しい会議室を備えた、マレービルの新しい南ウィングをご披露できることをとても嬉しく思います。同時に最新技術を取り入れたマレービルが誇る他の多くの刺激的なサービスもご紹介いたします。
>
> 開会のテープカットは6月1日の正午に行われます。このセレモニーは、43番通りの地下鉄入り口付近、ビルのイースト・ベルビュー入り口で開催されます。その後、来場者にシャンペンがふるまわれ、ビルの見学ツアーに参加していただくか、またはメインホール2階の情報フェアにてマレービルについてさらに詳しくご紹介させていただきます。
>
> ぜひお越しください。

○invitation: 招待（状）　invite: 招待する　construction: 建設、建造　architect: 建築家　proud: 光栄に思う　announce: 発表する　reopening: 再び開くこと　revitalize: 新たな活力を与える　improve: 改良する　facilities: 設備、施設　offer: 提供する　downtown: 繁華街（の）　feature: 特色にする　conference: 会議　enhanced: 高めた、強化型の　state-of-the-art: 最新の　boast: 自慢する、誇る　hold: 催す　take place: 催される　entrance: 入り口　afterwards: その後　treat: ごちそうする

> サンプル問題・訳

164番は次の広告に関するものです。

業務管理の職募集

　アローヘッド建設は経理の出来る、当社マーカム事務所で夜間勤務が可能なやる気のある方を2名募集しています。企業会計の経験が少なくとも2年以上あり、電話による応対がきちんとでき、指導・監督が必要ない方を求めています。コンピュータに精通していることも必要です。履歴書は arrowheadhiring@wire.net にお送りください。

○

164. この職の必要条件として挙げられていないのは何ですか？
　　(A) 夜勤が可能なこと
　　(B) コンピュータの経験
　　(C) 会計の能力
　　(D) 建築の知識

▶administration: 管理、経営　offer: 提供する　construction: 建築　look for: 探す　motivated: やる気のある　individual: 個人、人　proficient: 熟練した　accounting: 会計　work nights: 夜勤する　successful: うまく行った、合格した　candidate: 候補者、志願者　at least: 少なくとも　experience: 経験　unsupervised: 監督されずに　be familiar with: 〜に通じている　resume: 履歴書　mention: 言及する　requirement: 必要条件　available: 可能な、応じられる　night shift: 夜間勤務

6

語彙の問題は
本文中での意味をつかめ

2006年5月に始まった新TOEICから、パート7で語彙力を問う問題が出題されるようになりました。The word "perform" in paragraph 3, line 2, is closest in meaning to「第3段落2行目にある単語"perform"に一番意味が近いものは」というタイプの問題です。選択肢に挙げられている単語または熟語の中からほぼ同じ意味を表すものを選びます。このタイプの問題は1回のテストに平均2問出題されます。

　このタイプの問題は語彙力を試しています。問題の焦点になっている語と選択肢で挙げられている語の意味を知っているかどうかが鍵になります。**注意する点は、問題の焦点になっている語は、複数の意味を持つことが多いことです。**そして、選択肢にその語の同義語になりえる語が複数挙げられていることがあります。例えば、The word "perform" in paragraph 3, line 2, is closest in meaning to という問題が出たとします。問題の焦点になっている"perform"にはplay「演技する、演奏する」、carry out「行う」などの複数の意味があります。選択肢にplayとcarry outの両方が挙げられていたら、問題と選択肢を見ただけでは答えは選べません。本文中でperformがどのように使われているかチェックする必要があります。もし演劇や音楽の話をする文脈で使われているのであれば、playが答えとなります（例：The band will perform live at the event.「そのバンドはそのイベントで生演奏をする」）。もし職務や実験などに関する文脈で使われていたらcarry outが同義語になります（例：We will perform an annual review next month.「当社は来月、年次見直しを行う」）。**選択肢の語句を本文に当てはめて、文章の意味が通るかどうかが答えを選ぶ決め手となります。**

♪サンプル問題

Question 165 refers to the following advertisement.

Cruise Car Rental

Here at Cruise Car Rental we offer a large selection of quality vehicles for your business or leisure car rental needs. We provide everything from convertibles to SUVs, and minivans to speciality cars and trucks. Our variety and services are exceptional, and we guarantee our prices are lower than those of our competitors. We also have weekly, daily, weekend, and one-way rental rates and discounts. Call us today to rent or reserve your car, or visit our website at www.ccr.com. We are waiting to hand you the keys.

---

165. The word "guarantee" in paragraph 1, line 4, is closest in meaning to ← ①

(A) contract
(B) deal
(C) ensure ← ③
(D) serve

○訳はp.118にあります。

---

①**質問を読む**

何が問われているのか知るために質問を読みます。4行目の"guarantee"に関する語彙の問題であることが分かります。

②**本文の該当箇所を見る**

4行目を見て"guarantee"を見つけます。そして、その文脈中でどのような意味を表しているか確認します。we guarantee our prices are lower than those of our competitorsという文中で使われています。ここでは「保証する」という意味を表しています。

③選択肢から同じ意味になる語句を選ぶ

　選択肢で挙げられている語で「保証する」という意味を表すものを探します。(C) ensureが答えになります。guaranteeは名詞で使われると「保証契約」という意味を表す場合があるので、(A) contractの名詞の用法と近いのですが、ここでは動詞として用いられています。また、guaranteeは契約関連の文脈で用いられることが多いのでdealの関連語でもあります。語彙の問題ではこのような紛らわしい語が選択肢に含まれているので、答えを選ぶ際、注意が必要です。

練 習 問 題

Questions 1-2 refer to the following advertisement.

AUTOMOBILITY offers you nationwide rental car services at the lowest possible rates so that you can save time and money while receiving the best value for your dollar.

With an excellent round-the-clock customer service team and a wide selection of vehicles to choose from, *AUTOMOBILITY* is ready to meet your business and travel requirements in all 50 states.

Need a chauffeur or limousine service? *AUTOMOBILITY* is the company for you! With more than 25 years of experience serving a large corporate and private clientele, our company is the best in its field. Our drivers are exceptionally experienced and our top-notch vehicles are closely inspected for safety after each reservation.

Call us to book a reservation or for more information on our toll-free hotline: 1-800-334-4181

1. The word "rates" in paragraph 1, line 2, is closest in meaning to
   (A) delays
   (B) prices
   (C) speed
   (D) accidents

2. The word "field" in paragraph 3, line 4, is closest in meaning to
   (A) farmland
   (B) nation
   (C) industry
   (D) region

解答とスピードアップ・テクニック

1.【正解】(B)

第1段落2行目にある単語 "rates" に一番近い意味のものは
(A) 遅れ
(B) 価格
(C) スピード
(D) 事故

第1段落2行目の "rates" を見ると、AUTOMOBILITY offers you nationwide rental car services at the lowest possible rates という文脈で使われています。ここではレンタカーの「料金」という意味を表しています。よって、(B) prices の同義語となります。時間、日数、重量などの単位ごとに料金が決まっているものは rate という語を使います。price は守備範囲が広い語で物やサービスに対する「価格」を指す語です。rate は使われ方によっては (C) speed と同じ意味になることもあります（例：the rate of change＝the speed of change「変化の速度」）。

○delay: 遅れ　accident: 事故

2.【正解】(C)

第3段落4行目にある単語 "field" に一番近い意味のものは
(A) 畑
(B) 国家
(C) 業界
(D) 地域

第3段落4行目の "field" は With more than 25 years of experience serving a large corporate and private clientele, our company is the best in its field という文中で使われています。ここではビジネスの「分野」という意味を表しています。選択肢中、意味が一番近いのは (C) industry です。field には (A) farmland「畑」の意味もありますが、ここでは違う意味で使われています。

○farmland: 農地　region: 地域

練習問題・訳

1-2番は次の広告に関するものです。

> オートモビィリティは、お客様が最高の費用対効果を得て、時間とお金を節約できるように全国的規模のレンタカー・サービスを可能な限りの低価格でご提供しています。
>
> 優秀な24時間体制のカスタマー・サービス・チームと豊富な車種で、オートモビィリティは全50州において、お客様のビジネスやご旅行のご要望にお応えできます。
>
> ドライバーやリムジン・サービスが必要ですか？ オートモビィリティが承ります。法人および個人のお客様に25年以上にわたりサービスをご提供してきた経験により、当社はこの分野でナンバーワンです。当社のドライバーは非常に経験豊富で、当社の高級車は予約の度に綿密な点検が行われております。
>
> ご予約またはお問い合わせは当社フリーダイヤルにお電話ください（電話番号1-800-334-4181）。

○advertisement: 広告　nationwide: 全国的な　possible: 可能な、出来る限りの　rate: 料金　save: 節約する　receive: 受け取る　value: 価値　excellent: 優秀な、一流の　round-the-clock: 連続24時間の　selection: 品ぞろえ　vehicle: 車、乗物　ready: 用意の出来た　meet: (要求などを)満たす　requirement: 要求　chauffeur: お抱え運転手　serve: (～のために)働く　corporate: 会社、法人　private: 個人的な　clientele: 顧客　field: 分野、活動範囲　exceptionally: 非常に　experienced: 経験に富む　top-notch: 一流の、最高級の　closely: 綿密に　inspect: 検査する　reservation: 予約　book: 予約する　toll-free: フリーダイヤルの　hotline: 直通電話

サンプル問題・訳

165番は次の広告に関するものです。

クルーズ・カーレンタル

ここクルーズ・カーレンタルでは、あなたのビジネスおよびレジャーでのレンタカーの必要性に合わせ、質の良い車を豊富に取り揃えています。オープンカーからスポーツカー、ワンボックスカーから特別仕様車やトラックまであらゆる種類の車をご用意いたします。当社の品揃えとサービスは抜群で、価格は他社よりも低いことを保証いたします。また当社には、週単位、一日単位、週末使用、さらに片道でレンタル料金と割引が設定されています。車のレンタル、またはご予約は今日、お電話ください。または当社ホームページwww.ccr.comをご覧ください。キーをお渡しするのを心待ちにしております。

○

165. 第1段落4行目にある"guarantee"に一番意味が近いものは
 (A) 契約する
 (B) 扱う
 (C) 保証する
 (D) 役目を果たす

○selection: 選択、品揃え　quality: 上等の、高級な　vehicle: 車、乗物　needs: 必要なもの、要求　provide: 提供する、用意する　convertible: 幌付き自動車　SUV: スポーツ用多目的車　minivan: 小型乗用バン、ワンボックスカー　specialty: 特製品　exceptional: 非凡な、優秀な　guarantee: 保証する　competitor: 競争相手（この場合、「同業他社」）　rate: 料金　discount: 割引　rent: 賃借りする　reserve: 予約する　contract: 契約する　deal: 扱う　ensure: 保証する　serve: 務める、奉仕する

7

ダブルパッセージは
まず2つの文書の関係をおさえる

パート7の最後の20問はダブルパッセージ問題です。これは2006年5月開始の新TOEICになって導入された新しいタイプの問題です。関連する2つの文書が1セットになって提示されます。そして4セットそれぞれに対して問題が5つ付きます。5つの問題のうち、いくつかは初めの文書から答えとなる情報を探します。いくつかは2つ目の文書に答えを選ぶ鍵があります。また、いくつかは答えを決めるのに両方の文書に書かれている内容を総合して考える必要があります。

　ダブルパッセージの組み合わせには次のようなパターンがあります。
・求人広告と応募の手紙
・社員全員に宛てた通達とそれに対する返答
・新聞や雑誌の記事とそれに対する読者からの手紙
・あるイベントに対する招待状とそのイベントの模様を伝える新聞記事
・イベントの案内とそのイベントに参加した人からの手紙
・新しいメンバーを発表する文書と新メンバーの自己紹介文

　手順としては、まず2つのパッセージの関係をおさえます。それから、質問を読み、どちらの文書を読めば答えが見つかるか判断します。そして、文書中から答えとなる情報を見つけます。**「この問題の答えはきっとこちらの文書を読めば分かるだろう」**とあたりを付けてから答えを探すことで、**解答に要する時間を節約できます。**時には、「こちらにありそうだ」と思わせておいて、実はもう一方の文書も読まなければ答えは選べないとう非常に複雑な問題も出ますので、注意してください。

♪サンプル問題

Question 166 refers to the following two e-mail messages. ← ①

From: elmitchell@geomail.com
To: lundy@smp.com
Subject: Publicist position

Dear Mr. Lundy,

I am responding to your advertisement in The New York Times listing a publicist position at Snow Mountain Press. I am confident that I meet the qualifications for this position and would like to put forward my cover letter and resume for consideration. Both my cover letter and resume should be found attached to this e-mail message.

Thank you for your time and consideration. I look forward to the prospect of speaking to you about this position in the near future.

Sincerely,
Elizabeth Mitchell

From: lundy@smp.com
To: elmitchell@geomail.com
Subject: Re: Publicist position

Dear Ms. Mitchell,

We would like to thank you for sending Snow Mountain Press your resume and cover letter. We were impressed by your qualifications and editing experience and we would like to offer you an interview at your soonest convenience.

You may contact me directly to arrange an appointment for your interview. I can be reached at my office, weekdays from 10 to 7, at 554-6572. Keep in mind that we do ask all applicants to bring three previously published writing samples to the interview.

We look forward to meeting with you,

Sincerely,
Emanuel Lundy

166. How did Snow Mountain Press feel about Elizabeth ←— ④
　　　Mitchell's cover letter and resume?
　　(A) They were pleased with them.
　　(B) They were unable to open her attached documents.
　　(C) They were happy with the interview and are considering hiring her.　⑥
　　(D) They do not currently wish to offer Ms. Mitchell a position.

　　○訳はp.140にあります。

①文書タイプをチェック
　まずは文書のタイプをチェックします。ここでは2つともメールです。
②初めの文書を見る
　初めの文書がどのような内容か、出だしの部分を見て判断します。I am responding to your advertisement in The New York Times listing a publicist position at Snow Mountain Press.ということから、求人広告を見た応募者からのメールであることが分かります。
③2つ目の文書を見る
　2つ目の文書がどのような内容か、出だしの部分を見て判断します。We would like to thank you for sending Snow Mountain Press your resume and cover letter.と述べられているので、初めの文書（求人への応募者のメール）に対する返信であることが分かります。
④質問を読む
　質問を読んで、どちらの文書から答えとなる情報が得られるか判断します。How did Snow Brand Press feel about Elizabeth Mitchell's cover letter and resume?という質問なのでSnow Mountain Press（求人をしている会社）がElizabeth Mitchell（求人に対する応募者）に宛てた返信メールを見ればよいことが予想できます。

⑤本文の該当箇所を見る

　質問中のキーワード、cover letter and resumeを手がかりに本文を検索します。返信メール第1段落1～2行目にWe would like to thank you for sending Snow Mountain Press your resume and cover letter.とあり、それに続いてWe were impressed by your qualifications and editing experience and we would like to offer you an interview at your soonest convenience.と述べられています。このことからこの会社がElizabeth Mitchellに興味を示していることが伺えます。

⑥選択肢から同じ意味になる語句を選ぶ

　選択肢中、(A) They were pleased with them.が本文の記述に一致します。We were impressed「私たちは感銘を受けた」とThey were pleased「彼らは満足していた」はほぼ同じ意味になります。また、本文のWe were impressed以下に書かれている内容は、cover letter and resumeに記載されている内容であることが明らかなので(A)のように言い換えることが可能です。

練 習 問 題

Questions 1-5 refer to the advertisement and letter.

Mechanics Wanted

Description

We are looking for reliable, motivated and skilled individuals to join our team of mechanics at Motorhouse Nevada. Mechanics are expected to be able to repair automobiles, but should also have some experience in repairing trucks, buses and other vehicles. Master mechanics at Motorhouse specialize in transmission systems and have extensive knowledge in other parts of the vehicle.

Positions offered may require some traveling so we insist that all applicants have a spotless driving record. We offer a competitive salary, health insurance, paid holiday leave, and pension plan. If you are interested in working for us, please send your resume and cover letter to: Motorhouse Nevada (Attn: Roger Davies) 26724 Lakefield Avenue, Stevensville, NV 24752

Clive Williams
301 Georgetown Lane
New Hampton, Nevada, 62965
November 12, 2006

Mr. Roger Davies
Hiring
Motorhouse Nevada
26724 Lakefield Avenue,
Stevensville, NV 24752

Dear Mr. Davies:

For as long as I can remember, I've been taking apart and reassembling car engines. My father was an aircraft mechanic for the air force and he taught me a lot of things about mechanics while I was growing up. I later became a car mechanic, working for a shop in San Diego, California. I have recently moved back to Nevada and after seeing your ad in Tuesday's newspaper, I decided to contact you. I am very interested in the position that you are offering and I am willing to move to Stevensville from New Hampton if I am hired for the job.

I'm eager to work full-time as a mechanic for Motorhouse. I have experience repairing buses, motorcycles, and various types of automobiles. I work hard, I work well with a team, and I am reliable.

Please contact me on my cell phone at: 987-7983 to arrange an interview. I am looking forward to meeting you and discussing the skills that I can offer your company.

Thank you for your time and consideration,

Clive Williams

Clive Williams

Enc: resume

1. What does the advertisement ask prospective applicants to do?
   (A) Send a resume and cover letter to Motorhouse Nevada
   (B) Write a short essay explaining why they would like to work for Motorhouse Nevada
   (C) Go to Motorhouse Nevada and speak with Roger Davies
   (D) Send an application via email to Roger Davis

2. How did Clive Williams know that Motorhouse Nevada was in need of employees?
   (A) He saw an advertisement in the Motorhouse Nevada shop window.
   (B) A friend told him about the job on Tuesday.
   (C) He heard about the job while he was working in California.
   (D) He read a want ad in the newspaper.

3. In both the advertisement and the letter, what kind of vehicle is mentioned?
   (A) Airplanes
   (B) Trucks
   (C) Buses
   (D) Motorcycles

4. In the advertisement, the word "expected" in paragraph 1, line 3, is closest in meaning to
   (A) proposed
   (B) believed
   (C) allowed
   (D) required

5. What quality of Mr. Williams matches the characteristics stated in the advertisement?
   (A) He is competitive.
   (B) He is reliable.
   (C) He works hard.
   (D) He works well with a team.

解答とスピードアップ・テクニック

1.【正解】(A)
広告では、応募者に何をするように求めていますか？
(A) モーターハウス・ネバダに履歴書とカバーレターを送る。
(B) なぜモーターハウス・ネバダで働きたいかを説明する小論文を書く。
(C) モーターハウス・ネバダへ行ってロジャー・デイビスと話をする。
(D) メールでロジャー・デイビス宛に応募書類を送る。

求人広告とそれに対する応募の手紙がセットになっています。質問にWhat does the advertisement …とあるので広告から答えとなる情報が得られると判断できます。キーワードはaskで、これを手がかりに本文を検索して、応募者に求めている事柄を見つけます。本文中でaskという語は使われていませんが、pleaseを使って頼んでいる表現が、第2段落4〜5行目にあります（please send your resume and cover letter to）。これに対応する選択肢は(A)です。

○ advertisement: 広告　prospective: 見込みのある　essay: 小論文　explain: 説明する　application: 申込書　via: 〜によって

2.【正解】(D)
どうやってクライブ・ウイリアムズはモーターハウス・ネバダが従業員を必要としていることを知りましたか？
(A) モーターハウス・ネバダのショーウインドウにある広告を見た。
(B) 友人が火曜日にその仕事について教えてくれた。
(C) カリフォルニアで勤務している時にその仕事のことを聞いた。
(D) 新聞の求人広告を読んだ。

この問題で問われているClive Williamsは手紙の書き手なので、手紙を見て答えを探します。「どのように求人を知ったか」ということが問われています。手紙の第1段落6〜7行目にafter seeing your ad in

Tuesday's newspaper, I decided to contact you とあるので新聞を読んで求人の情報を得たことが分かります。

○in need of: ～を必要として　employee: 従業員　want ad: 求人広告

3. 【正解】(C)

広告と手紙の両方に書かれている乗り物は何ですか？
(A) 飛行機
(B) トラック
(C) バス
(D) オートバイ

In both the advertisement and the letter とあるので、広告と手紙の両方を見て答えを導く問題であることが分かります。それぞれの文書に登場する乗り物が問われているので、両文書を検索して乗り物を拾っていきます。広告では第1段落3～5行目に automobiles, but should also have some experience in repairing trucks, buses and other vehicles という記述があります。手紙では第2段落2～3行目に repairing buses, motorcycles, and various types of automobiles とあります。よって、(C) Buses が両方の文書で触れられている乗り物です。

4. 【正解】(D)

広告の第1段落3行目の "expected" に意味が一番近いのは
(A) 提案されている
(B) 思われている
(C) 認められている
(D) 求められている

広告の第1段落3行目の expected は Mechanics are expected to be able to repair automobiles という文中で使われています。ここでは「求められている」という意味で使われているので、(D) required が正解です。

○propose: 提案する　allow: 認める

5.【正解】(B)

ウイリアムズさんの資質で、広告に述べられている特性と合うものはどれですか？

 (A) 負けず嫌いである
 (B) 信頼できる
 (C) よく働く
 (D) チームワークが上手である

quality of Mr. Williams「ウイリアムズさんの資質」は手紙に書かれている内容なので、それが広告中で述べられているどの特性 (characteristics) と合うかどうかは、両方の文書を読まなければ分かりません。広告の冒頭に We are looking for reliable, motivated and skilled individuals とあるので、reliable, motivated, skilled が広告で述べられている特性です。また、手紙では第2段落3～4行目で I work hard, I work well with a team, and I am reliable と書かれています。よって、relaible が広告で挙げられている特性と一致するウイリアムさんの資質です。

○quality: 資質、特質　match: ぴったり合う　characteristics: 特質，特徴　state: 述べる

練習問題・訳

1-5番は次の広告と手紙に関するものです。

整備士募集

仕事内容
モーターハウス・ネバダでは、当社のメカニックチームに加わる、信頼のおける、やる気と技術をもった整備士を探しています。整備士は自動車の修理ができなくてはなりませんが、トラックやバスなど他の車種においての修理経験も必要です。モーターハウスの上級整備士はトランスミッション・システムを専門にしており、他の自動車部品においても広い知識を持っています。

募集中の職は出張も必要になる可能性があるので、全ての応募者は無事故の運転履歴が必要です。当社は高給与、健康保険、有給休暇、年金制度を提供しております。当社の仕事に興味のある方は、履歴書とカバーレターを以下の住所にお送りください。：モーターハウス・ネバダ（ロジャー・デイビス宛）26724　レイクフィールド通り、スティーブンスビル、ネバダ州24752

クライブ・ウイリアムズ
301　ジョージタウン・レーン
ニューハンプトン、ネバダ州 62965
2006年11月12日

ロジャー・デイビス様
採用担当
モーターハウス・ネバダ
26724 レイクフィールド通り
スティーブンスビル、ネバダ州 24752

デイビス様：

私が覚えている限りずっと昔から、私は車のエンジンを分解したり、組み立てたりしてまいりました。私の父は空軍の航空整備士でしたので、私が子供の頃は整備についてたくさんのことを教えてくれました。その後、私はカリフォルニアのサンディエゴの店で働く、自動車整備士になりました。最近になりネバダに戻り、火曜日の新聞で貴社の広告を見て、ご連絡を取ることを決心いたしました。貴社

が提示されている職種に大変興味があり、もしその仕事に採用されましたらニューハンプトンからスティーブンスビルに引っ越したいと考えております。

モーターハウスの整備士としてフルタイムで働くことを強く希望します。私はバスやオートバイ他、様々な車種の修理経験があります。私は一生懸命働き、チームワークに長けており、信頼のおける人物です。

面接の段取りをなさる場合は、私の携帯電話にご連絡ください。番号は987-7983です。直接お会いして、私が貴社に提供できる技術についてお話できることを楽しみにしております。

お時間とご考慮に感謝いたします。

クライブ・ウイリアムズ

クライブ ・ ウイリアムズ

同封物：履歴書

○mechanic: 機械工、修理工　wanted: 〜求む　description: 説明　reliable: 信頼出来る　motivated: やる気のある　skilled: 熟練した、腕のいい　individual: 個人　expect: 期待する　repair: 修理する　vehicle: 車、乗物　master: 熟達した　specialize: 専門とする　transmission: (車の)変速機　extensive: 広範囲にわたる　position: 勤め口、職　offer: 提供する、提案する　require: 必要とする　traveling: 旅行、出張　insist: 主張する、要求する　applicant: 応募者　spotless: 欠点のない　record: 記録、履歴　competitive: 競争に耐える　health insurance: 健康保険　paid holiday leave: 有給休暇　pension: 年金　resume: 履歴書　○○hire: 雇用する　as long as: 〜である限り　take apart: 分解する　reassemble: 再び組み立てる　aircraft: 航空機　air force: 空軍　mechanics: (機械などの)仕組み　grow up: 成長する　recently: 最近　ad: 広告 (advertisementの短縮形)　decide: 決心する　contact: 連絡する　be willing to: 〜するのをいとわない　eager: 熱望して　full-time: フルタイムで、常勤で　various: 種々の　cell phone: 携帯電話　arrange: 打ち合わせる、取り決める　interview: 面接　skill: 技量、手腕　consideration: 考慮、配慮　enc: 同封 (enclosedの省略形)

練 習 問 題

Questions 6-10 refer to the following theatre information and review.

The Midnight Frog
October 8, 9, & 10
7:00 - 9:30 PM (Doors open at 6:00 PM)
Othello Theatre
Sold Out!

All The Way To The Kitchen
October 14 & 15
7:30 PM (Doors open at 6:00 PM)
Othello Theatre
Tickets Available!

To The Moon And Back
October 17 - 28
7:30 PM (Doors open at 6:00 PM)
Othello Theatre
Tickets Available!

The Praying Mantis
October 14 - 22
7:00 PM (Doors open at 6:30)
Ye Old Barn Theatre
Sold Out!

A Laugh Like Larry's
October 24 - November 4
7:00 PM (Doors open at 6:30)
Ye Old Barn Theatre
Tickets Available!

Ticket Prices

*students / children: $14.50

Senior citizens: $18.50

Adults: $26.50

*Performing arts students from the University of Linton are admitted free with a valid university ID.

The Brighton Box Office

Our hours of operation are Monday thru Saturday between 9:00 AM and 7:00 PM. Our ticket inventory can be viewed on our website: WWW.BrightonBoxOffice.com

Call for reservations:
509-335-7236

If you've ever wanted to see a play about a man and woman's love for insects then *The Praying Mantis* awaits you! Written by Regis Cartwright, and directed by Penelope Atkinson of Broadway fame, this modern, somewhat peculiar stage performance is a romance between two young scientists who journey to the depths of Brazil searching for an insect that only exists in legends.

Funny, but not hilarious, romantic, but not passionate, *The Praying Mantis* will captivate you with its colourful sets and flashy costumes. Rupert Michaels and Sandy Lin do a fine performance in their roles of adventurers and lovers, and Curtis Jake, who plays the giant praying mantis, will have you laughing out loud more than once throughout the play. In fact, the only negative thing I have to say about the whole experience was that even though the setting on the stage appeared warm and tropical, the theatre itself was very chilly. So bring a warm sweater!

The Praying Mantis is showing for only nine days and tickets are going fast so if you don't want to miss the insect world come to life on stage, buy a ticket today!

6. When is the final performance of *To The Moon And Back*?
    (A) October 15
    (B) October 17
    (C) October 22
    (D) October 28

7. Who directed *The Praying Mantis*?
    (A) Rupert Michaels
    (B) Penelope Atkinson
    (C) Sandy Lin
    (D) Curtis Jake

8. According to the reviewer, what was the only negative part about his experience?
   (A) The performance was not at all humorous.
   (B) Many people were laughing very loud in the audience.
   (C) The setting on stage was unrealistic.
   (D) The temperature at Ye Old Barn Theatre was uncomfortably low.

9. What can be inferred from both the theatre information and the review?
   (A) The review was written before the theatre information was printed.
   (B) *The Praying Mantis* is not a play that is worth watching.
   (C) Performing arts students should buy tickets for Saturday performances.
   (D) The Othello Theatre is much warmer than Ye Old Barn Theatre.

10. In the review, the word "fine" in paragraph 2, line 3, is closest in meaning to
    (A) healthy
    (B) difficult
    (C) excellent
    (D) restless

解答とスピードアップ・テクニック

6.【正解】(D)

「月への旅」の最終公演はいつですか？

    (A) 10月15日
    (B) 10月17日
    (C) 10月22日
    (D) 10月28日

劇の案内と劇に対する批評がセットになっています。*To The Moon And Back* という劇の最終公演日が問われているので、劇場案内を見ます。この劇のタイトルをキーワードに検索をすると、上から3つの項目に記載されているのが見つかります。公演期間は October 17 - 28 となっているので、最終日は (D) October 28 です。

7.【正解】(B)

「カマキリ」は誰が演出をしましたか？

    (A) ルパート・マイケルズ
    (B) ペネロペ・アトキンソン
    (C) サンディ・リン
    (D) カーティス・ジェイク

初めの文書（劇場案内）には、演出家に関する情報は書かれていないので、2つ目の文書（批評）中から演出家の情報を探します。この批評は *The Praying Mantis* に対するものであることが第1段落1〜2行目から分かります（If you've ever wanted to see a play about a man and woman's love for insects then *The Praying Mantis* awaits you!）。そして、第1段落3行目に directed by Penelope Atkinson とあるので、この人物によって演出されたことが分かります。

8. 【正解】(D)

評論家によると、彼の体験で唯一悪い点はどこでしたか？
　(A) 演技にユーモアが全くなかった。
　(B) 多くの人が観客席で非常に大声で笑っていた。
　(C) 舞台のセットに現実味がなかった。
　(D) イエ・オールドバーン・シアターの温度は不快なほど低かった。

According to the reviewer「批評家によると」というように批評家の意見が問われているので2つ目の文書から答えとなる情報を探します。キーワードはnegative part about his experienceです。これを本文中に探すと第2段落6〜7行目にIn fact, the only negative thing I have to say about the whole experienceとあるのが見つかります。それに続く部分でthe theatre itself was very chillyと述べられていることから、劇場内がかなり寒かったことが分かります。また、この批評は*The Praying Mantis*に対するものです。そして、この劇がYe Old Barn Theatreで行われていることは、1つ目の文書（劇場案内）から分かります。

　according to: 〜によると　reviewer: 批評家　humorous: ユーモアのある　audience: 観客
　unrealistic: 非現実的な　temperature: 温度、気温　uncomfortably: 心地悪く

9. 【正解】(A)

劇場案内と批評の両方から何が推察されますか？
　(A) 批評は劇場案内が印刷される前に書かれた。
　(B) 「カマキリ」は見る価値のない舞台である。
　(C) 舞台芸術部学生は土曜日の舞台のチケットを買わなければならない。
　(D) オセロ・シアターはイエ・オールドバーン・シアターよりずっと暖かい。

質問がboth the theatre information and the reviewとなっているので、両方の文書を見なければいけません。さらに、What can be inferredと

いう焦点の絞れない問いなので、選択肢をひとつずつ本文に照らし合わせる必要があります。正解は(A)です。批評の第3段落に *The Praying Mantis* is showing for only nine days and tickets are going fast so if you don't want to miss the insect world come to life on stage, buy a ticket today! とあることから、これを書いている時点ではまだ、チケットが売られていたことが伺えます。しかし、劇場案内の *The Praying Mantis* の項ではSold Out! となっています。批評は劇場案内よりも古い情報を含むことから、そちらの方が先に書かれたものであると推測できます。他の選択肢で挙げられている内容はどちらの文書にも対応する情報が載っていません。

○infer: 推論する　worth: 〜だけの値打ちがある

10.【正解】(C)

批評の第2段落3行目の "fine" に意味が一番近いものは
(A) 健康的な
(B) 難しい
(C) 素晴らしい
(D) 落ち着きのない

"fine" は様々な意味を表す語です。批評の第2段落3行目では、Rupert Michaels and Sandy Lin do a fine performance in their roles という文中で使われています。ここでは演技が優れていたという意味で用いられているので、正解は(C) excellentです。

○restless: 落ち着きのない、休まない

練習問題・訳

6－10番は次の劇場案内と批評に関するものです。

真夜中のカエル
10月 8, 9, 10日
午後7:00 － 9:30（午後6:00開場）
オセロ・シアター
売り切れ！

キッチンへの道のり
10月 14、15日
午後7:30（午後6:00開場）
オセロ・シアター
チケット有り！

月への旅
10月 17-28日
午後7:30（午後6:00開場）
オセロ・シアター
チケット有り！

カマキリ
10月 14-22日
午後7:00（午後6:30開場）
イエ・オールドバーン・シアター
売り切れ！

ラーフ・ライク・ラリーズ
10月 24日-11月4日
午後7:00（午後6:30開場）
イエ・オールドバーン・シアター
チケット有り！

チケット価格

*学生／子供
14ドル50セント
高齢者
18ドル50セント
一般
26ドル50セント

*リントン大学の舞台芸術部学生は有効期限内の学生証提示で入場無料

ブライトンチケット売場

営業時間は月曜から土曜日 午前9:00から午後7:00まで。チケット一覧は当社ホームページでご覧になれます。: WWW.BrightonBoxOffice.com

電話でのご予約は
509-335-7236

もしあなたが昆虫に対する男女の愛を取り上げた舞台を観たいと思ったことがあるなら、「カマキリ」がお勧めです！レジス・カートライト作、ブロードウェイで有名なペネロペ・アトキンソン演出の、このモダンで少し奇妙な舞台は、伝説の昆虫を探しにブラジルの奥地へ旅する若い二人の科学者のロマンスです。

面白いが浮かれすぎてはいない、また、ロマンチックだが情熱的ではない、そんな「カマキリ」は色とりどりのセットと華やかな衣装であなたを魅了するでしょう。ルパート・マイケルズとサンディ・リンは恋する冒険家の役で素晴らしい演技をします。また、大カマキリ役のカーティス・ジェイクは舞台の間、何度もあなたを大笑いさせてくれるでしょう。全体の体験の中で唯一の欠点は、舞台セットは暖かいトロピカルなものにもかかわらず、劇場自体は非常に寒かったことです。ですから、暖かいセーターをお持ちください。

「カマキリ」は9日間のみの上演で、チケットは売れ行きが良いので、舞台で息づく昆虫の世界を見逃したくない方は、今日チケットをお買い求めください！

○review: 批評　frog: カエル　sold out: 売り切れ　available: 入手可能な　praying mantis: カマキリ　senior citizen: 高齢者　adult: 大人、成人　performing arts: 舞台芸術　admit: 入場を許可する　free: 無料で　valid: 有効な　ID: 身分証明書　box office: 切符売場　operation: 操業、営業　thru: 〜まで　inventory: 商品目録　view: 見る　○○insect: 昆虫　await: 待つ　direct: 演出する　fame: 名声、評判　somewhat: いくぶん、少々　peculiar: 特殊な、一風変わった　journey: 旅行する　exist: 存在する、生存する　legend: 伝説　hilarious: とても陽気な　passionate: 情熱的な　captivate: 魅惑する　flashy: けばけばしい、派手な　role: 役、役柄　adventurer: 冒険家　throughout: (〜の間中)ずっと　negative: 否定の　whole: 全〜　appear: 〜に見える　tropical: 熱帯地方の　chilly: 冷え冷えする　show: 上演される　go: 売れる　miss: 見逃す　come to life: 活気を帯びる

サンプル問題・訳

166番は次の2通のeメールに関するものです。

発信：elmitchell@geomail.com
受信：lundy@smp.com
件：宣伝部の求人

ランディ様

ニューヨークタイムズの広告に記載されていたスノー・マウンテン・プレスの広報担当の求人につきご連絡しています。私はこの求人の資格を充たしていると確信しておりますので、ご検討のため、カバーレターと履歴書を送らせてください。カバーレターと履歴書は本eメールに添付しています。

お時間を割いてご検討いただけますこと、ありがとうございます。近日中に本求人につきましてお会いできますことを楽しみにしております。

敬具
エリザベス・ミッチェル

発信：lundy@smp.com
受信：elmitchell@geomail.com
件：返信：宣伝部の求人

ミッチェル様

スノー・マウンテン・プレスに履歴書とカバーレターをお送りいただきありがとうございます。貴殿の資格と編集経験に感銘を受けました。できるだけ早くご都合のよろしい時に面接を行いたいと存じます。

面接の日時を決めるため、私に直接ご連絡ください。平日は10時から7時まで554-6572で、私のオフィスにつながります。志望の方には全員、以前出版された原稿のサンプルを3点、面接にお持ちいただくようお願いしておりますのでお忘れなく。

お会いできるのを楽しみにしております。

敬具
エマニュエル・ランディ

166. スノー・マウンテン・プレスはエリザベス・ミッチェルのカバーレターと履歴書についてどう感じたのですか？
    (A) ミッチェルさんのカバーレターと履歴書に満足していた。
    (B) 彼女の添付文書を開けなかった。
    (C) 面接に満足して彼女の雇用を考えている。
    (D) 今のところミッチェルさんの雇用は望んでいない。

◯list: 記載する、載せる　publicist: 宣伝担当者　attach: 添付する　prospect: 期待、可能性　◯◯convenience: 都合、便利　appointment: 会見などの約束　applicant: 応募者　previously: 前に　◯currently: 今

多読のすすめ
リーディング力を伸ばすための学習法

ここまでパート7の問題タイプ別の攻略法を見てきました。TOEICでスコアを伸ばすためには、問題のパターンに慣れ、攻略法をマスターすることが一番の近道だからです。しかし、攻略法を学んで上げることのできる点数には限りがあります。それよりさらに上を狙うには英語力を伸ばすトレーニングが必要です。TOEICは英語力を測るテストですから、英語力が伸びれば当然、スコアも上がります。

　リーディング力を伸ばすために有効なのはずばり、「読むこと」です。あるスキルを伸ばすためには、そのスキルを使うトレーニングをするのが英語学習の基本です。スピーキング力を伸ばしたければ話す練習をする、リスニング力を付けたければ聞く練習をする、ライティング力を向上させたければ書く練習をすることが必要です。リーディング力を伸ばすためは、「読むこと」が最も重要なトレーニングになります。

やさしめのものをたくさん、楽しんで読む

　「読むことが大切なのはわかった。では、何をどのように読めばよいか」という疑問が湧いた方もいると思います。手当たり次第、何でもいいから読めばいいという訳でもありません。私がお薦めするのは「多読」です。「多読」のポイントは次の通りです。[参考文献：Bell, T. (1998). Extensive reading: why? and how?, *The Internet TESL Journal, Vol. IV, No.12*]

1. やさしめのものを選ぶ

　「少し簡単すぎるかな」というレベルの本が多読に適しています。難しい語句や複雑な文法が使われている本は多読向きではありません。単語や文法が妨げになり、内容に集中できなくなるからです。わからない単語がたくさん出てきて、辞書を何度も引かなくてはならないようでは本を読むという行為が楽しめません。わからない単語が1ページに3語以下が適切なレベルです。1ページあたり3語程度なら、文脈から意味を推測できるので、辞書を引く必要がありません。「辞書を引かなくても読めるレベル」を目安に本を選んでください。お薦めは英語学習者を対象に作られたGraded

Readersと呼ばれる読み物シリーズです（後述）。語彙レベルによって、難易度のランク分けがされているので、自分の英語力に適した本を探すことが容易です。

2. 興味のあるものを読む

興味のある内容の本を選ぶことも重要です。興味がある内容だと、「次、どうなるんだろう」と先が知りたくなります。そして、内容を理解することが意識の中心に来ます。それにより、本の世界に入っていくことができます。興味が湧かない本だと内容を理解したいという欲求が薄いので、字面を追うだけになりがちです。それではリーディング力を伸ばすのに役立ちません。読んでいて面白くなかったら、途中で止めて別の本に変えましょう。

3. 楽しんで読む

リラックスして、読書を楽しんでください。英語は楽しみながらやるとよく身に付きます。「読むのは楽しくないけど、リーディング力を伸ばすのに必要だから我慢して読む」というのではあまり効果が見込めません。楽しんで読める本を探しましょう。英語での読書を楽しめるようになったらしめたものです。リーディング力がぐんぐん伸びます。

4. たくさん読む

多読の効果は読む量に比例します。たくさん読むようにしましょう。やさしめの本を選べば、量をこなすことができるはずです。

5. 無理をしない

たくさん読むことは大事ですが、無理はいけません。読書を楽しめなくなってしまいます。疲れたり眠くなったりしてきたら休むようにしましょう。面白くて止まらないというときは、そのまま続けるのも良いでしょう。

多読の利点

　多読には次のような利点があります。いいことずくめなので是非とも実行してください。

1. 英語にたくさん触れられる
　英語力を伸ばすには英語にたくさん触れることが有効です。多読をすることで英語に触れる量を飛躍的に増やすことができます。

2. リーディング力が伸びる
　たくさん読むことでリーディングのスピードが上がります。また、英文を読む場合、「これはきっとこういうことを言ってるんだろう」というように想像力を働かせることが多くあります。それをすることで予想する力が付いてきます。それは読解力の向上につながります。

3. リーディング以外のスキルも伸びる
　英文をたくさん読むことで英語の文章のパターンが身に付いてきます。それは英語を書くときに役立ちます。さらに、英語の文章パターンに慣れてくるとリスニングも楽になります。また、多読を通して学んだ語句や表現は英語を話すときにも役立ちます。

4. 語彙の知識が深まる
　やさしめの本を読んでいると、自分の知っている語句に何回も繰り返して出会います。その過程で自分の知っている語句の知らない用法を目にする機会があります。「この語はこんな使い方もあるんだ」というような気付きの経験を通して、語彙の知識を深めることができます。

5. リーディングに対する自信が付く
　多読を続けることで英文を読むことにだんだん慣れてきます。それにつれて苦手意識が薄れていきます。「英語を読んで理解できる」という自信

が湧いてきます。

6. 読書が好きになる

楽しみながら多読を続けていると、読書が好きになってきます。好きなことを楽しみながらやっていると、英語の習得に良い影響があります。また、読む量も自然と増えていくでしょう。

Graded Readersについて

Graded Readersは「グレード（レベル）分けされた読み物」という意味です。英語学習者向けに作られおり、「1000語レベル」「1600語レベル」というように使用語彙の範囲によってレベル分けされています。Graded Readersは自分のレベルにあった本を選ぶことができるので、多読のテキストに適しています。次の5つのシリーズが充実しています。

Oxford Bookworms Library (Oxford University Press)

🌐 ホームページ：http://www.oup.com/elt/catalogue/isbn/5590/?cc=global

Stage 1（400語レベル）
The Phantom of the Opera, Ned Kelly, Love or Money? など

Stage 2（700語レベル）
Robinson Crusoe, Love among the Haystacks, New Yorkers—Short Stories など

Stage 3（1000語レベル）
Rabbit-Proof Fence, A Christmas Carol, The Railway Children など

Stage 4（1400語レベル）
Treasure Island, A Tale of Two Cities, Black Beauty など

Stage 5（1800語レベル）
The Accidental Tourist, The Age of Innocence, Heat and Dust など

Stage 6 （2500語レベル）

Cry Freedom, Barchester Towers, Decline and Fall など

Penguin Readers (Pearson Education)

🌐 ホームページ：http://www.penguinreaders.com/pr/grading.html

Level 1 （300語レベル）
The Adventure of Tom Sawyer, David Beckham, Island for Sale など
Level 2 （600語レベル）
Moonfleet, Nelson Mandela, The Amazon Rainforest など
Level 3 （1200語レベル）
The No.1 Ladies' Detective Agency, Notting Hill, Forrest Gump など
Level 4 （1700語レベル）
As Time Goes By, Management Gurus, The Breathing Method など
Level 5 （2300語レベル）
Cold Mountain, The Story of the Internet, Sons and Lovers など
Level 6 （3000語レベル）
Anna Karenina, Captain Corelli's Mandolin, Sir Richard Branson: The Autobiography など

Cambridge English Readers (Cambridge University Press)

🌐 ホームページ：http://www.cambridge.org/elt/readers/

Level 1 （400語レベル）
Hotel Casanova, Inspector Logan, The Big Picture など
Level 2 （800語レベル）
Jojo's Story, Dead Cold, Within High Fences など
Level 3 （1300語レベル）
Tales of the Supernatural, Strong Medicine, How I Met Myself など

Level 4 （1900語レベル）
　Staying Together, Nothing but the Truth, When Summer Comes など
Level 5 （2800語レベル）
　A Tangled Web, All I Want, Windows of the Mind など
Level 6 （3800語レベル）
　This Time It's Personal, A Love for Life, He Knows Too Much など

Macmillan Readers (Macmillan Education)

🌐 ホームページ：http://www.macmillanenglish.com/readers/

Starter Level （300語レベル）
　Blue Fins, Lucky Number, Shooting Stars など
Beginner Level （600語レベル）
　Newspaper Boy, Rich Man, Poor Man, Picture Puzzle など
Elementary Level （1100語レベル）
　Dr Jekyll and Mr Hyde, Tales of Ten Worlds, The Black Cat など
Pre-intermediate Level （1400語レベル）
　Casino Royale, Robin Hood, Romeo and Juliet など
Intermediate Level （1600語レベル）
　A Kiss Before Dying, Jurassic Park, The Great Gatsby など
Upper Intermediate Level （2200語レベル）
　Rebecca, L.A. Movie, The Cut Glass Bowl and Other Stories など

洋販ラダーシリーズ（IBCパブリッシング）

🌐 ホームページ：http://www.ibcpub.co.jp/ladder/index.html

Level 1 （1000語レベル）
　Beauty and the Beast, Andersen's Classic Stories, Toshishun など
Level 2 （1300語レベル）
　The Happy Prince and Other Stories, Signposts For Balance In Love And

多読のすすめ――リーディング力を伸ばすための学習法

Work, Best Short Stories of O. Henry など
Level 3（1600語レベル）
　Adventures of Sherlock Holmes, The Jungle Books, The Call of the Wild など
Level 4（2000語レベル）
　The Princess Diaries, The Carlos Ghosn Story, Japan FAQ など
Level 5（語彙制限なし）
　Global Warming: History, Science and Politics, Bushido: The Soul of Japan, A Technique for Producing Ideas など

　この5つのシリーズのうち、私のお薦めは最後の洋販ラダーシリーズ（IBCパブリッシング）です。他のシリーズとの違いは、日本に関係のある本が多く含まれていることです。また、他のシリーズが文学作品の書き換え版中心であるのに対して、洋販ラダーシリーズは経済、実用、日本関係など、ジャンルが多彩です。興味の持てる本がきっと見つかるでしょう。ジャンル別にタイトル例をいくつか挙げます。

世界の名作
Oliver Twist（オリバー・ツイスト）、*Treasure Island*（宝島）、*Alice's Adventure in Wonderland*（不思議の国のアリス）
日本の名作
I Am a Cat（我輩は猫である）、*The Night of the Milky Way Train*（銀河鉄道の夜）、*Run, Melos, Run*（走れメロス）
経済・経営（←TOEICに直結した内容です）
The Japanese Economy（日本の経済）、*The Japanese Stock Market*（日本の株式市場）、*The Japanese Financial Market*（日本の金融市場）
ノンフィクション
One Liter of Tears: A Young Girl's Fight for Life（1リットルの涙）、*Living Long, Living Good*（生き方上手）、*The Hideki Matsui Story*（松井秀喜バイオグラフィ）

実用

Get to Know the USA Vol.1: Enjoy Your Visit（アメリカに行こう）、*Get to Know the USA Vol.2: Enjoy Your Stay*（アメリカに住もう）

日本関係

Japan: A Short History（日本小史）、*70 Japanese Gestures*（にほんのしぐさ70）

　また、洋販ラダーシリーズの本には、巻末にワードリストが付いています。このワードリストには単語と日本訳が載っています。レベル1と2は文中の全ての単語、レベル3〜5は中学校で習う単語以外の単語が掲載されています。多読をしているときに知らない単語に出会ったら、辞書を使わずに文脈から意味を予想するのが基本です（知らない単語がたくさんあって、文脈から予想するのが無理というのであれば、ひとつ下のレベルの本を選んでください）。しかし、「文脈から考えて、この語はきっとこういう意味だろう」と予想できたとしても、「でも、もしかして勘違いをしているかも知れない」という不安が残ります。そんなとき、このワードリストが役立ちます。辞書を引く手間をかけずにちらっと意味を確認できるからです。読書の妨げにならない程度にワードリストを使うようにしましょう。あまり頼りすぎると「予想する力」が育ちません。

　それでは、実際にGraded Readersの実際のサンプルを見てみましょう。株式会社IBCパブリッシングのご好意により、以下の洋販ラダーシリーズからの抜粋を掲載します。

The Little Prince（星の王子さま）　レベル2

サン＝テグジュペリ著　砂漠に不時着した飛行士と、小さな星からやって来た王子さまの心の交流を描いた不朽の名作。心に沁みる宝物のような言葉たちが、やさしい英語でよみがえる。

The Hideki Matsui Story（松井秀喜バイオグラフィ）　レベル3

広岡勲著　大きな夢に向かって、常に全力で走り続ける「努力の天才」の半生を、貴重な写真をちりばめて描く。野球英語も学べる感動のノンフィ

クション。

Japan: A Short History（日本小史）　レベル5

ジョン・K・ギレスピー 著 「日本史をやさしい英語で読む」ための1冊として、大好評を博した『日本小史』の改訂増補版。バブル崩壊後から安倍政権誕生までを新たに追加し、日本の歴史を大きな流れで、かつコンパクトに解説する。

The Little Prince

Chapter VII

On the fifth day, I learned the secret of the little prince's life. He suddenly asked me a question. It seemed that he had thought about this question for a long time:

"If a sheep eats bushes, would it eat flowers, too?"

"A sheep eats everything it comes across."

"Even flowers with thorns?"

"Yes. Even flowers with thorns."

"So what good is having thorns?"

I didn't know. I was very busy. I was trying to fix my plane. I felt quite worried. The plane was difficult to fix, and I did not have much drinking water left.

"So what good is having thorns?" The little prince never stopped asking a question. Because I felt worried and cross, I said the first thing that came into my head:

"The thorns don't do any good at all. Flowers have thorns because they are mean!"

"Oh!"

But after a while, he said angrily:

"I don't believe you! Flowers are weak. They are innocent and beautiful. They are just trying to protect themselves as best they can. They believe that their thorns keep them safe ..."

I did not answer. I was not listening. I was still thinking about my plane. Then the little prince said to me:

"And so you, you think that flowers ..."

"No! No! I don't think anything! I was saying whatever came into my head. I'm busy with important matters!"

He stared at me, shocked, and cried:

"Important matters!"

He added, "You talk like a grown-up!"

That made me feel bad. But still he continued: "You don't understand anything!"

He was really quite angry. He shook his golden-haired head:

"I know a planet where there is a red-faced man. He has never smelled a flower. He has never looked at a star. He has never loved anyone. He never does anything except add numbers together. Just like you, all day long he says, 'I am an important man! I am an important man!' He is filled up with his own importance. But he isn't a man ... he's a mushroom!"

"A what?"

"A mushroom!"

The little prince had turned white with anger:

"For millions of years, flowers have grown thorns. And yet, for millions of years, sheep have eaten flowers. How can you say that it isn't important to try to understand why flowers keep growing thorns that don't ever protect them? How can you say that the war between the sheep and the flowers doesn't matter? That it isn't more important than a fat, red-faced man doing math? And I, I know a flower that is the only one of its kind, that does not live anywhere except on my planet ... and if a little sheep destroyed that flower, ate it one morning, without realizing what it had done—that, that doesn't matter?"

His face turned pink as he continued:

"If a person loves a single flower that lives on just one star among millions and millions of other stars, that is enough to make him happy when he looks up at the stars. He sees the stars and says to himself: 'My flower is somewhere out there ...' But if the sheep eats the flower, it's as if, for him, suddenly, all the stars went out. And that ... that is not important!"

(560語)

The Hideki Matsui Story

Chapter 7

Godzilla Arrives in New York

"I'm going to visit Ground Zero, right now."

In January 2003, Hideki went to New York to announce that he would join the Yankees. As soon as he arrived at his hotel, he left to visit "Ground Zero." That is the site of the attacks on the World Trade Center buildings on September 11, 2001.

Because he would live in New York, Hideki believed this was an important thing to do. He wanted to see where this terrible event had taken place with his own eyes.

The meeting to tell everyone that he was becoming a Yankee was held two weeks later. The next time that Hideki came to New York, he brought many boxes of personal things. But at the airport he suddenly said: "Let's go straight to Yankee Stadium!" This was a little strange for Hideki, who never got very excited. At this moment, he seemed like a little boy again.

At Yankee Stadium Hideki talked with the team, and then went to his locker. He opened it and saw his uniform inside. It had his name "Matsui" and his number "55."

"So this is my uniform. I'll be wearing it in home games from here on."

Then, Hideki looked out over the field.

"So this is Yankee Stadium!"

With that, he ran out to the field. He went from right field to center, and then to left field. He stopped a number of times along the way.

"Where will I play? If I play center field, will it be here?"

He looked so happy as he stopped at each position in the field. After that, he walked out to left field to see the figures of famous Yankees players. There were the faces of Babe Ruth, Joe DiMaggio, Mickey

Mantle, Roger Maris and other stars from the past.

"The Yankees have had so many great players. What a wonderful team!"

Everything Hideki saw made him more happy and excited. When he went to the practice area inside the stadium, he couldn't stop himself. He put on his training clothes, and began to swing a bat. Soon he was sweating, and he continued to practice his batting as always.

The Yankees were holding their spring training in Tampa, Florida. When Hideki got there, the other players on the team gave him a warm welcome.

"Nice to meet you. My name is Hideki Matsui."

Hideki used the English words he learned just the night before.

"Oh, Godzilla!"

With that, everyone laughed and welcomed him with big smiles.

"Matsu, you'll be living in Manhattan, right? I do, too. So I can give you a ride to the stadium in my car. But only if you teach me some Japanese!"

Saying this was Derek Jeter, the Yankee team captain. Derek then put his arm around Hideki's shoulders.

The official notice of Hideki joining the team was held on February 14. Yankee Manager Joe Torre was there. So was Roger Clemens, one of the best pitchers in the Major Leagues for many years.

Afterwards, Roger invited Hideki to a restaurant for dinner. Roger said: "When I went to Japan, everyone said, 'Ultraman is here!' That made me happy. Ultraman is a hero in Japan, right? Hey, is he stronger than Godzilla?"

Hideki laughed at the joke, and felt a sense of relief.

Many reporters from Japan were in New York to write about Hideki. There were so many that Hideki worried they would cause trouble for the other players on the team. Seeing that, Jason Giambi told them: "Hey everyone, take it easy on Hideki! We know you want to follow him, but don't push him. Give him a chance to play his game!"

(612語)

JAPAN: A Short History

Chapter 5

The Meiji Era

23. The Meiji Restoration

The year 1868 was one of the most important years in modern Japanese history. It was the year Japan officially started to become a modern state. The new imperial government got rid of all the forces that were still loyal to the old Tokugawa government. Even after the surrender of Tokugawa Yoshinobu, there were some lords who continued to fight against the new imperial government. This series of battles between the new government and the Tokugawa supporters was called the Boshin Civil War. The most famous battle was in Aizu-Wakamatsu in Tohoku, where many samurai were killed or wounded. By April 1869, the last of the Tokugawa supporters were defeated in Hakodate, Hokkaido.

The new government decided to move the imperial court from Kyoto to Edo. Edo was then renamed Tokyo as the new capital of a reformed Japan. The task of the new government was clear. It had to make Japan into an advanced nation with a strong military and modern industry. Emperor Komei died in 1866, and Emperor Meiji took over in September 1867. This era is known as *Meiji-Ishin* or the Meiji Restoration.

A stable government was needed for both domestic and international reasons. Many other Asian nations had been colonized by Western powers. Japan's new leaders did not want this to happen to Japan. The leaders tried to develop modern technology, military power, and administrative systems for Japan. Under the leadership of Kido Takayoshi, Okubo Toshimichi, Iwakura Tomomi, Saigo Takamori, and some other new leaders, social class distinctions and samurai privileges were no longer allowed.

The government began to recruit soldiers from among ordinary Japanese citizens. They got rid of the feudal *han* system and started a new system of prefectures with governors appointed by Tokyo. This was done to keep the power in one place, namely Tokyo. The old financial system was changed to a modern banking and monetary system. The central government also started new tax and legal policies. Railroad, telecommunication, and postal systems were also formed. In 1872, the first rail service opened between Tokyo and Yokohama.

All these were important steps toward helping the nation catch up with Western powers. This was the goal to protect the nation and its interests. Coming in contact with a different culture can help people gain a better sense of themselves. That is what happened in Japan. Just before the Meiji Restoration, Japan had been cut off from the rest of the world for more than 200 years. During this time, the Japanese had developed their own set of values and ethics.

Now Japan had opened its doors to the rest of the world. The process of reform was begun by taking in foreign technology. However, with technology came the values and ethics of other people. The new from foreign cultures, mixed with Japan's own identity, gave the country the chance to move forward. The Meiji Era was the starting point for making Japan an industrially advanced nation. However, it was also the starting point for the Japanese entry into World War II. Fate and opportunity led to the beginning of nationalism.

(516語)

どうでしょうか。大体の難易度はつかめたでしょうか。各セット、文末に単語数を記してあります。知らない単語の数が1％程度であれば、文脈から意味を予想することができるはずです。そのくらいが自分の語彙力に見合ったレベルです。このサンプルを使って、自分のレベルを見極めて、適切なレベルのGraded Readersに挑戦しましょう。

Graded Readersのレベルの目安

Graded Readersは各シリーズ、TOEICの得点の目安が付いています。

例えば、洋販ラダーシリーズの場合、以下のようになっています。

Level 1（1000語レベル）：TOEIC 300点以上
Level 2（1300語レベル）：TOEIC 350点以上
Level 3（1600語レベル）：TOEIC 400点以上
Level 4（2000語レベル）：TOEIC 470点未満
Level 5（語彙制限なし）：TOEIC 470点以上

　この得点の目安は目標点ではありません。「読解に必要な英語力」を示したものです。例えば300点以上ある人ならLevel 1の本が辞書なしに読める、470点以上ある人はLevel 5の本が無理なく読めるという目安です。「目標点が650点だから、合うレベルがない」と考えるのは間違いです。現在、300点の人がLevel 1の本をたくさん読めば、500点くらいは取れるでしょう。そのレベルの本を読むことで、狙える得点は次のようになります（私の主観に基づくものです）。

Level 1（1000語レベル）を読んで狙える得点：TOEIC 500点以上
Level 2（1300語レベル）を読んで狙える得点：TOEIC 600点以上
Level 3（1600語レベル）を読んで狙える得点：TOEIC 700点以上
Level 4（2000語レベル）を読んで狙える得点：TOEIC 800点以上
Level 5（語彙制限なし）を読んで狙える得点：TOEIC 860点以上

　レベル分けの表示は辛めに付いているということを考慮して、本を選ぶ際、あまり背伸びしないようにしてください。

英英辞典のすすめ

　多読をするときは、辞書は使わないでください。「きっとこういう意味だろう」というように文脈から意味を想像して、読み進めます。そうすることで予想する力が養われます。これからお話しする「英英辞典のすすめ」

は多読とは切り離して、考えてください。TOEICの練習問題などをしていて出会った新しい語句を覚える際の学習法です。

　TOEICのリーディングの練習問題100問を実際のテストと同じ75分の制限時間の下で解いているとします。そこで知らない語句が出てきた場合、辞書は使わず解き進めます。実際の試験でも知らない語句は出てくるでしょう。辞書に頼らず、意味を予想して取りあえず答えを選ぶということが大切です。辞書を使うのはすべて解き終わった後です。答え合わせをしたらもう一度、問題を見直してください。そして知らない語句をひとつずつ確認していきます。TOEICでは、毎回同じような語句が使われるので、その練習問題中に出てきた語句が実際のTOEICにも登場する可能性がかなり高い確率であります。もし練習問題中に知らない語句があったら、それを覚えておくと本番で有利です。練習問題をやったら、やりっぱなしにしないで、そこに出てきた新しい語句をしっかり覚えるようにしてください。

　「新しい語句を覚える」という作業をする際、皆さんに是非、活用していただきたいのが英語学習者向けに編集された英英辞典です。「英英辞典は単語の意味を調べても説明が英語なので嫌だ」というような拒否反応を持っている方もいるかもしれません。確かに英和辞典を使えば、日本語の訳語が載っているので、瞬間的に意味がわかり楽です。ただし、それはせっかくの学習チャンスを無駄にしていることになります。

　仮にevaluateという語に初めて出会うとします。この語の意味を知るために英英辞典を引きます。すると次のような記述が見つかります。

evaluate /ɪˈvælyuˌeɪt/ v [T]
to judge how good, useful, or successful something is
synonym assess
You should be able to **evaluate** your own work.
We need to **evaluate** the success of the campaign.
It can be difficult to **evaluate** the effectiveness of different treatments.
　(*Longman Dictionary of Contemporary English* より抜粋)

はじめに単語、発音記号、品詞が書かれています。vはverb「動詞」、Tはtransitive verb「他動詞」の略です。次に英語の定義があります。to judge how good, useful, or successful something is「何かがどれだけ良いか、役に立つか、成功しているか判断する」と書かれています。次にsynonym「同義語」が載っています。evaluateとassessが同義であることがわかります。そして、evaluateを用いた例文があります。evaluateという動詞が使われる典型的な例が挙げられています。これを読むことでevaluateの用法がわかります。

英和辞典を引くと、「〜の価値（量）を見きわめる、数値を出す、〜を評価する」（『ジーニアス英和大事典』より抜粋）と書かれています。こちらの方が直接的で分かりやすいかもしれません。しかし、英英辞典を使ってto judge how good, useful, or successful something isを読んで、evaluateの意味を理解することは、英語力、特に英語の読解力を伸ばすためにとても役立ちます。「evaluateの意味が分からないので知りたい」という状況にあるとき、英英辞典を引いてto judge how good, useful, or successful something isを読むと英語を道具として使うことになります。意味を知るという目的のために英語を使っているからです。英語をある目的達成のための道具として使うことは、英語力を伸ばす鍵になります。日本で普通に生活しているとそのような機会はあまりありません。英英辞典を使って意味を調べることで、英語を道具として使う機会が得られるのです。

また、関連する単語を一緒に覚えることも出来ます。上の例ではsynonym「同義語」としてassessが挙げられているのに加え、定義中にjudgeと動詞が使われています。英英辞典を使うことで、これら3つの動詞が近い意味を持つということが学べます。このような同義語の知識はTOEICで言い換え表現が使われるとき、非常に役立ちます。

さらに、英語学習者向けに編集された英英辞典は例文がとても充実しています。単語の定義を読んで意味がピンと来なくても、例文を読むことで意味がはっきりする場合があります。また、英英辞典の編集者が「この表現に特に注目してもらいたい」という意図で例文中の語句を太字で強調することがよくあります。例えば動詞acknowledgeの項に次のような例文

が載っています。

I would be grateful if you would **acknowledge receipt** of this letter.
(*Longman Dictionary of Contemporary English* より抜粋)

　この例文中、acknowledge receiptの部分が太字になっています。「この用法に注意してもらいたい」という学習者へのメッセージが込められています。英語学習者向けの英英辞典を作る人たちは英語教育のプロです。TOEICの問題を作る人たちも英語教育のプロです。ですから英英辞典を作る人たちが「この表現、学習者に是非マスターしてもらいたい」と願って強調する語句と、TOEICの問題を作る人たちが「この表現、知っているか試してみよう」と考えて出題する語句は結構重なります。実際、上に挙げたacknowledge receipt of this letterという表現はパート5で出題されました（acknowledgeの部分が空欄）。英英辞典にはこのような利点もあるのです。

　英語学習者用に作られた英英辞典の代表的なものを挙げます。

初級者用（TOEIC 600点以下）
Oxford Essential Dictionary
Longman WordWise Dictionary

中級者用（TOEIC 600〜730点）
Oxford Wordpower Dictionary
Longman Active Study Dictionary

上級学習者用（TOEIC 730点以上）
Oxford Advanced Learner's Dictionary
Longman Dictionary of Contemporary English
COBULD Advanced Learner's English Dictionary

Cambridge Advanced Learner's Dictionary

　それぞれ、特徴があり、人によって好みがあると思います。買う前に書店で手にとって較べてみるのが良いと思います。ちなみに私は*Oxford Advanced Learner's Dictionary*を愛用しています。

　最近、新しく出た英語学習者用英英辞典で*Longman Exams Dictionary*というのがあります。英語の各種検定試験に向けて準備をしている学習者を念頭に作られた英英辞典です。特徴的なのは、Study NoteとしてWord Families、Thesaurus、Grammar、Common Errorの囲み記事があることです。Word Familiesは派生語、Thesaurusは同義語、Grammarは文法事項、Common Errorは学習者が犯しやすいミスについて触れたものです。これらの項目はTOEICを含む英語の各種検定試験で頻繁に問われます。覚えておくと得点に結びつきます。

　また、この英英辞典には頻出単語が強調されています。頻出単語には横にS1（話し言葉で頻度1000番以内）、S2（話し言葉で頻度1001〜2000番）、S3（話し言葉で頻度2001〜3000番）、W1（書き言葉で頻度1000番以内）、W2（書き言葉で頻度1001〜2000番）、W3（書き言葉で頻度2001〜3000番）、AC（アカデミックな文書で頻出）という表示があります。学習を進める際、「これは頻出単語だから覚える、これは頻出単語ではないから覚えなくてもよい」という判断の基準になります。TOEICで特に力を入れていただきたいのが、AC（アカデミックな文書で頻出）の語句です。TOEICで使われる文書はビジネス関係のものがほとんどですが、パート5＆6で試される語彙はACのカテゴリーものが2割近くあります。

　このように*Longman Exams Dictionary*はどの単語に力を入れれば良いかということを示してくれます。TOEICに向けた語彙力増強に役立ちます。

神崎 正哉（かんざき　まさや）

エッセンス イングリッシュ スクール講師。
1967年神奈川県生まれ。東京水産大学（現東京海洋大学）海洋環境工学科卒。24歳から6年間ロンドンで英語・英文学を学ぶ。2006年1月よりテンプル大学ジャパン英語教授法修士課程在籍（2008年5月学位取得予定）。TOEIC®テストは2007年10月までに43回受験。990点（満点）13回、平均979.5点。TOEIC®スピーキングテスト200点（満点）。TOEIC®ライティングテスト200点（満点）。コンピューター版TOEFL283点（ペーパー版の657点に相当）。英検1級。国連英検特A級。Cambridge Diploma of English Studies。Cambridge Proficiency in English。その他英語関連の資格多数。『新TOEIC TEST ウルトラ語彙力主義』（IBCパブリッシング）、『新TOEIC TEST 正解一直線』（共著。IBCパブリッシング）、『TOEICテスト 新・最強トリプル模試』（共著。ジャパンタイムズ）など、TOEIC関連の著書多数。TOEIC受験者のためのブログ、TOEIC Blitz Blog運営。http://toeicblog.blog22.fc2.com/

Daniel Warriner（ダニエル・ワーリナ）

1974年カナダ、ナイアガラ・フォールズ生まれ。ブロック大学英文科卒。1998年来日。都内の英語学校で英語を教える傍ら、講師トレーニングおよび教材開発に携わる。現在は技術系英文の翻訳会社で校正業務担当。共著書に『TOEICテスト730点スコアアップ問題集』（英語教育研究所）、『新TOEIC TEST 正解一直線』（IBCパブリッシング）などがある。

編集協力　永田雅子

新TOEIC®テスト 速読速解7つのルール

2007年11月30日　初版第1刷発行

著　者	神崎正哉
	Daniel Warriner
発行者	原　雅久
発行所	株式会社朝日出版社
	〒101-0065 東京都千代田区西神田3-3-5
	TEL　(03)3263-3321　（代表）
	FAX　(03)5226-9599
	URL　http://www.asahipress.com
	振替　00140-2-46008

カバーデザイン	大下賢一郎
本文組版	メディアアート
印刷製本	赤城印刷株式会社

©Masaya Kanzaki, Daniel Warriner, 2007
ISBN 978-4-255-00408-2 C0082　Printed in Japan

ネットを使って飛躍的にスコアアップ!!

eラーニングによる新TOEIC® TEST徹底レッスン

音声CD付き
日本語版Windows 2000、XP、Vistaに対応

オンライン学習システム **u-CAT**
e-Learning for the TOEIC® TEST
年間アカウント付きガイドブック

ご案内サイト： http://www.asahipress.com/u-cat/

本書を購入するだけで、新TOEIC®TESTに特化したネット学習「u-CAT」が1年間利用できます。

新TOEIC TESTの解説＆例題や、米国・英国・カナダ・豪州の発音の違いと聞き取りのコツの解説なども収録。

「u-CAT」の特長
今までの「対策本」では決してできなかったことを実現！

個々人のレベルに最も合った学習を提供。
実際のTOEICテストと同じ形式の模擬テストを行うことにより、受験者のレベルをコンピュータが判断。それぞれのレベルに合った問題を提示し、学習効率をぐっと高めます。

模擬テストのスコアが瞬時に出てくる。
面倒な計算をしなくても、現時点の自分のスコア、目標スコアが簡単に確認できます。

弱点を分析して克服。効率的にスコアアップをはかる。
コンピュータが指摘した自分の弱点パートや弱点パターンをピンポイントで克服。最適なホームワーク（課題学習）を徹底的に実施することで、確実にスコアアップがはかれます。

驚きの実績――平均スコアが146％にup。
※先行利用した韓国の大学生1600人のデータを分析したYBM/Sisa.com社の報告

推薦します　佐藤久美子 先生（玉川大学教授）

TOEICテストのスコアアップに必要なのは、実力に合った学習――すなわち弱点の克服と、解ける問題のレベルを着実に上げていくこと。u-CATでは、コンピュータが実力判定と弱点分析、スコアアップのための出題をしますので、効率的に効果を上げたい方には特にお勧めです。

ケータイから、もっと詳しい情報の入手やご注文ができます。
http://www.asahipress.com/u-cat-i/

「u-CAT」オンライン学習の流れ

テスト（診断テスト＆模試テスト）とホームワーク（弱点補強＋レベルアップ学習）が1セット。これを3セット繰り返し、最後の模擬テストで成果を確認します。

1. **診断テスト** 100問
   英語力診断と弱点分析の模擬テスト。成績レポート、解答と解説も充実
2. **ホームワーク** 50問×3
   3種類のホームワークを出題。弱点パート＆弱点パターン学習、レベルアップ学習
3. **第1回模擬テスト** 100問
   英語力診断と弱点分析
4. **ホームワーク** 50問×3
   3.のテストで判明した弱点をピンポイントで克服＆レベルアップ学習
5. **第2回模擬テスト** 100問
   英語力診断と弱点分析
6. **ホームワーク** 50問×3
   5.のテストで判明した弱点をピンポイントで克服＆レベルアップ学習
7. **第3回模擬テスト** 100問
   学習の成果を確認

A5判　定価2,940円（税込）　全国書店で発売中

朝日出版社　〒101-0065 東京都千代田区西神田3-3-5　TEL03-3263-3321　http://www.asahipress.com/

カリスマ講師がついに完成させた
「的中」する予想問題集

新TOEIC® TEST
キム・デギュンの
究極厳選400問

キム・デギュン 編著　CD2枚付き　2色刷　定価2,100円(税込)

- すぐれた学習戦略が、先行発売の韓国で話題沸騰！
- 10年以上1度も休むことなくTOEIC TESTを受け続け、「キム本」といわれる一連のベストセラーを刊行してきたカリスマ講師がついに放つ、新テスト対策の決定版。
- Part 6の形式変更（2006年9月から）をも取り入れた、新テスト完全対応タイプ。
- 実際のTOEIC TESTに直結する実戦練習問題のみを厳選に厳選を重ねて掲載。
- 解説部分では、実際に教室で名講師の講義を聞いているように詳しく、わかりやすく説明。
- 誤答の見分け方が学べ、消去法で自然に正解を選ぶことができるようになる！

TOEIC® TEST
攻略の王道
【リスニング編】

森勇作 著　CD2枚付き　定価2,310円(税込)

スコアも英語力もUPする学習法を満載。
テスト形式の演習問題を徹底活用！
CDは米国・英国・カナダ・オーストラリア、
4ヵ国のネイティブによる発音で録音。

TOEIC® TEST
攻略の王道
【リーディング編】

森勇作 著　CD1枚付き　定価2,100円(税込)

付録CDを活用する「読み聞かせメソッド」
「品詞別・音声シャワー」など、
リーディング対策の常識を破る
トレーニングやプラクティスを多数紹介。

朝日出版社　〒101-0065 東京都千代田区西神田3-3-5　TEL03-3263-3321　http://www.asahipress.com/

10万例文でメールや文章が書ける辞書ソフト

E-DIC
イーディック 英和|和英
CD-ROM for Windows

確かな英文が書ける、引ける！
英和・和英辞典、電子辞典をしのぐ圧倒的な例文集。
ネイティブの自然な英語とこなれた日本語訳が好評。
ビジネスマン・教師・医師・技術者・通訳・翻訳者まで、
シチュエーションに合った英語が書ける。

使って便利
読んで面白い。
**奇跡のように
素晴らしい。**
柴田元幸氏
(東京大学教授・翻訳家)

例文がどんどん増える無料ダウンロードサービス配信中！

ほかの辞典にはない5大特長

特長1　収録辞書がすごい
見出し語72万+例文10万(すべて信頼のおけるネイティブによる自然な英文)の大容量辞書で、単語・熟語はむろん、例文までも検索できます。

特長2　検索がすごい
日本語からでも英語からでも、検索語入力(3語まで可)で瞬時にお目当ての例文も訳語も見つかります。

特長3　辞書増量サービス(無料)がすごい
ご購入後も、新語・流行語・ニュース英語、および専門的な医学・技術英語など、最新の辞書データが無料でダウンロードできます(配信中)。

特長4　自分の辞書が作れるのがすごい
「ユーザー辞書登録機能」で、気に入った単語・表現・例文を登録して、検索対象にできます。

特長5　読書モードがすごい
紙のページをめくるような感覚で、辞書のおもしろい記述が読めます。

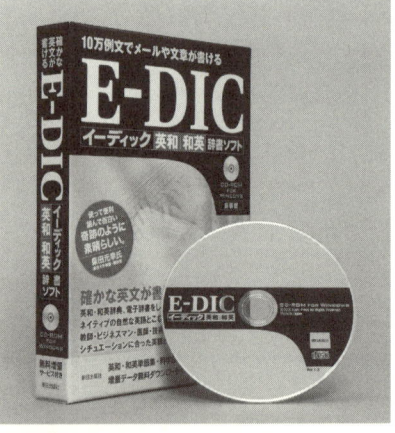

使用環境
OS：日本語版Windows Me、2000 Professional、XP、VISTA
CPU：Pentium 150MHz以上　メモリ：64MB以上
HDD：空き容量600MB以上
モニタ：解像度1024×768以上、カラー256色以上、64000色以上推奨
※但し搭載OSの最低動作環境以上であること

定価3,990円(税込)

英語は楽しく使うもの
インターネットが可能にした最新英語習得法
松本青也　定価1260円(税込)

苦労して「学んで」も使えるようにならなかった英語を、
「楽しく使って」モノにする！
E-DICについても「とても便利」と使い方を紹介！

朝日出版社　〒101-0065 東京都千代田区西神田3-3-5　TEL03-3263-3321　http://www.asahipress.com/